大连城市精神主题宣传活动专题片

崛起的海岸

中共大连市委宣传部
大连广播电视台

大连出版社
DALIAN PUBLISHING HOUSE

图书在版编目(CIP)数据

崛起的海岸:大连城市精神主题宣传活动专题片/中共大连市委宣传部,大连广播电视台编. —大连:大连出版社,2011.1
ISBN 978-7-5505-0050-1

Ⅰ.①崛… Ⅱ.①中… ②大… Ⅲ.①城市建设:精神文明建设—概况—大连市 Ⅳ.①D648

中国版本图书馆 CIP 数据核字(2011)第 012371 号

出 版 人:刘明辉
策划编辑:张 波
责任编辑:张 波 杨 琳
封面设计:李 丹 曹 艺
版式设计:张 波
封面题字:崔高斌
责任校对:于孝锋 金 琦
责任印制:徐丽红

出版发行者:大连出版社
地址:大连市西岗区长白街 12 号
邮编:116011
电话:(0411)83620442 83620941
传真:(0411)83610391
网址:http://www.dlmpm.com
电子信箱:yl@dlmpm.com
印 刷 者:大连图腾彩色印刷有限公司
经 销 者:各地新华书店

幅面尺寸:160mm×257mm
印 张:12
字 数:180 千字
印 数:1~10000 册

出版时间:2011 年 2 月第 1 版
印刷时间:2011 年 2 月第 1 次印刷
书 号:ISBN 978-7-5505-0050-1
定 价:32.00 元

序

中共大连市委副书记

城市精神是一座城市的灵魂,是城市民众集体性所拥有的气质和品格的体现,是城市历史传统、文化底蕴、发展特征、时代风貌和价值追求的总概括。城市精神真实地反映地区的社会发展水平和文明程度,是推动城市发展的内在的精神力量,对城市未来发展具有巨大的牵引和推动作用。

大连中心城区建设虽然仅有百余年的历史,但地区历史文化却延绵着17000年的沧桑。从瓦房店古人类遗存的洞穴化石,到广鹿岛小珠山先民们的房垣残壁,从营城子汉墓发掘到普兰店张店汉城考古,追循着历史的文脉,我们感悟到大连地区文明脚步的历史渊源。“我们是从哪里来的?”“我们经历过什么?”这样一些长期徘徊在大连人心头的疑惑得到诠释,生活在这块土地上人们的自豪感油然而生。

作为中原文明与北方游牧民族的文化交融之地,大连地区曾数次经受战火的洗礼,地区文化的种子在历史的狂澜中生生不息、薪火相传。魏晋的割据、隋唐的征战、元明的屯田、清代的移民,实现了中原文明与北方游牧民族文化的进一步融合。沙俄的侵占、日本的殖民统治,加速了现代城市文化和救亡图存的爱国文化迅速兴起。1945年大连回归祖国怀抱后,作为特殊时期的解放区,来自全国乃至世界的政治、科技、文化名流把大连推上了新文化的高峰。新中国成立以后,经过曲折的发展历程,大连成为工业门类齐全,经济协调发展的“北方明珠”城市;改革开放以来,大连又一次站在时代的潮头,成为东北对外开放的龙头和窗口。经过新世纪前十年大规模的结构调整、环境改造、体制改革和经济社会建设,大连现已步入科学发展的新阶段,迈上了建设东北亚重要国际城市和区域核心城市的新征程。站在历史的新起点上,提升城市精神,共铸城市之魂,是科学发展的需要,文化进步的必然。如何睿智地从历史中汲取营养,客观地审视大连的今天,理性定位大连未来的城市发展战略,是我们每一个大连人应该思考的时代命题。

由大连广播电视台精心制作的《崛起的海岸》电视系列专题片,以大连地区文明发展脉络为主线,通过故事还原的方式,在历史和现实相互勾连中展现大连作为东北一座现代化领军城市的发展进程;通过对历史背景和重大事件的解读,描绘出一幅城市发展的宏大画卷;通过对市民个性和城市品格的条分缕析和深究细研,探寻大连城市精神的实质以及城市发展的内在动力。相信更多的大连人会通过这部专题片系统地了解自己城市的历史,认知自己的身世,感受我们生活的这个城市在一次次屈辱和奋起中铸就的市民个性与城市品格,思考城市在再次崛起过程中需要重点关注和解决的问题,凝聚起支撑和引领大连和谐发展的时代魂魄,也将进一步激发全体市民发扬开放包容、海纳百川、自强不息、敢为人先的城市精神。

如何在尊重史实的基础上深入挖掘大连地区的文脉传承,如何看待大连地区曾经数千年的断代历史,如何正视近半个世纪的殖民统治创伤,如何客观看待工业化后期发展与自然生态的和谐,如何设计城市未来的发展方向,这些一直是我们重点关注的问题。在这部电视系列片的制作过程中,采用了国内外史学、文化、经济及社会等领域的研究成果,得到了社会各界的大力支持和帮助。这些部门和学者,用他们辛勤的耕耘和科学思维,勾勒出大连地区的历史轮廓,挖掘出在此之前鲜为人知的史实和细节,为专题片的制作提供了详实的素材,使我们能够系统地回眸这个城市的发展轨迹,进一步了解那些熟悉中的陌生,探究那些原本附着在文物中的历史。大连广播电视台参与专题片制作的编导们,在较短的时间内深入研究并以全新的电视表现形式呈献给全市人民一部令人耳目一新的作品。所有为之付出艰苦努力的人们都是值得肯定的。

以专题片形式展示城市文化脉络,宣传城市建设成果,凝聚城市发展潜力,仅仅是一种尝试、一个开端,从理论和实践的层面上还需要不断完善。我相信随着这部专题片的结集出版,将为广大群众进一步解读大连文化内涵,挖掘和展现推动大连城市发展的内在精神动力提供很好的帮助。也将为进一步增强全体市民信心,为实现城市未来科学发展、和谐发展起到积极的推动作用。

2011年1月

目 录

第一集　我家住在大海边

这是一片傍海而生的土地，两海相拥，涛声拍岸。
这是一座因海而兴的城市，面朝大海，春暖花开。
这里是我们生长的地方，这里是我们美丽的家园！

（一）

如果没有哈大线上呼啸而过的列车，这个群山环绕的村落就是一处安静的世外桃源。河水绕村，佛音缭绕。

这是距离瓦房店市区仅 4 公里的龙山村，日出而作、日落而息的龙山人已经在这儿生活了数百年。但祖祖辈辈生活在这里的龙山人却很少知道，早在遥远的 17000 年前，这里就有先人生活的足迹。

直到上个世纪的 1981 年，在采石的炮声中，村前的古龙山东坡上露出了一座岩洞，岩洞里神秘的石器和骨化石，打开了大连地区通往 17000 年前时空隧道的大门。

【采访】大连自然博物馆古生物研究员 孙玉峰

1981 年 3 月，我们在瓦房店市郊龙山村一处石灰岩洞，发现了大量的动物化石和人类使用过的骨器和石器。经过中科院脊椎动物与古人类研究所和北京大学考古学系采用同位素炭 14 及铀系法测定，得出权威论证，17000 年前古龙山人就生活在这个地方。

17000 年前，属于地质年代上的更新世晚期，从出土的骨器和石器分析，这处洞穴属于旧石器时代的人类活动遗址。此前，除了 1935 年法国人布日耶在大连至旅顺公路的红色土层中发现两件石英石片石器之外，大连地区一直没有发现明显的旧石器时代人类遗址。1981 年在古龙山古人类洞穴的发现，一下子将大连地区的人类居住历史提前到 17000 年前。

【采访】辽宁师范大学历史系教授 刘俊勇

虽然我们没有发现人类的遗骸化石，但是发现了四件石器和许多武器，这是他们亲手制作的工具。

打制的石器和骨器，集中堆放的兽骨化石，古龙山人在这个山洞里留下了古老的文明印记。在大量的兽骨当中，马骨的数量格外惊人，仅马类牙齿就有六七千枚。

【采访】大连自然博物馆古生物研究员 孙玉峰

经过考证，古龙山人当时主要猎食大连马，以大连马作为主要食物，因此，古龙山人又被称为猎马人 。

而根据考古发现，在古龙山人出现之前的数十亿年间，辽东半岛还沉睡在被海水覆盖的混沌世界里。

那是漫长的地理演变，无数次山崩地裂的海进海退，新生的大地被反复撕裂。大约 3 万年前，海水大规模退去，辽东半岛与山东半岛、朝鲜半岛和日本列岛成为连为一体的陆地，史称胶辽古陆。又过了 1 万多年，海水再次大规模侵入，胶辽古陆分化瓦解。此时，辽东半岛才横亘在茫茫无垠的黄渤海之间！

【采访】辽宁省地质勘察院高级工程师 单学东

大连两海夹一陆的地貌格局，就此形成！

一片丰饶而美丽的土地在大自然的鬼斧神工中诞生了，山川河流带着初生的莽撞喷涌而出：发源于长白山山系千山山脉崇山峻岭间的几十条大河，蜿蜒盘旋，一路向海；万物生灵穿越绵延的海岸线，萌生复苏，蓬勃而起。

这是上苍的恩赐，在这片物华天宝的土地上，披毛犀、猛犸象和大连马奔腾在水草肥美的原野上。春暖花开，远古的人类从华北地区迁徙而来，在古龙山依河而居，繁衍生息；寒冬来临，他们又像候鸟一样走向远方。这样春来秋去的原始游猎生活，持续了 2000 多年。

【采访 1】辽宁师范大学历史系教授 刘俊勇

他们的生活很艰苦，一般来讲，活到三四十岁就是高寿老人了。

【采访2】辽宁师范大学历史系教授 田久川

那个时候,仍然处于茹毛饮血的时代。

人类走向文明的道路崎岖而漫长。又过了1万年,在新石器时期的早期,长海县广鹿岛上的小珠山人,怀着对上苍的敬畏,点燃了辽南沃野上的第一缕炊烟。

【采访】大连市文物考古研究所副研究员 张翠敏

1978年,中科院考古研究所通过对出土文物的考证研究,确定从7000年前的小珠山开始,大连地区较早地进入新石器时期。这个时期的人类遗址多分布在黄渤海沿岸和沿海岛屿,其中,小珠山遗址最为典型,从7000年前到3000年前,年代层次清晰,是大连地区具有坐标意义的新石器遗址。

黄海上的这个小岛,记录了小珠山人世代繁衍的足迹。考古发现,这个时期的先民们开始种植黍类、饲养家畜,使用磨制的石器、烧制精美的陶器,并且已经学会结网捕鱼、纺线织衣。在小珠山中层遗址,考古学者还发现,当时人们已经学会修建半地穴式的房屋,房屋大小布局合理,原始村落错落有致。

【采访】辽宁师范大学历史系教授 刘俊勇

小珠山人已经开始定居生活,出现了辽东半岛最早的村落。用一句话来讲是:住石屋、种禾稼、从事渔猎捕捞。

在漫长的岁月中,这个临海而居的原始村落描绘着一幅古朴的生活画卷:依山傍海,捕鱼养畜,耕织采撷,炊烟袅袅。辽东半岛南部的先民们从此走出山洞,走向大海,结束了茹毛饮血的生活,跨入了刀耕火种的文明时代。

而在更广阔的地域里,先人们的足迹遍及从南到北的山海之间:老铁山下、大连湾畔、长兴岛、牧羊城……在今天的一个个古人遗址里,我们依稀看到了这样的美丽图景:他们在陶罐外表刻上与中原陶制品一样美丽的花纹——这是辽东与中原地区文化交融的证据;他们用顽石打磨成一串串项链,装饰在女人和孩子们的身上——这是先人对美的最原始追求;他们学会制作小木舟,掌握

了利用风向和潮流的航海技术，开辟了大连和山东半岛之间的古老航线。悠悠数千载，这些炊烟袅袅的村落与千里外的中原文明遥相呼应！

【采访】作家 素素

它不仅有渔乡，它还有农业文化，有最早的米。这个文化本身带有一种原始性、生存性、自然性。这种东西奠定了大连人的生态和人文的基础。

在史学界和考古学界有这样一个共识：萌生于远古，由古老的北方土著创造的大连古文化，与东北其他地区的土著古文化有着共同的文明源头，而到了夏商周时期，地处南北汇流之所的大连地区，又广泛地吸收了包括东夷在内的各种文化营养，最终夯筑起大连与东北其他地区不同的兼收并蓄、多元交融的文化个性。这样的发展轨迹，在漫长的历史长河中积淀、萌发，不管是战乱、还是在和平时期，都没有停下它的脚步。

（二）

2010 年 5 月初，普兰店市郊铁西办事处，一条正在紧张建设、即将与沈大高速连接的公路，忽然暂停施工。

【采访】皮炮公路办事处负责人

因为这里发现了 2000 多年前的汉代墓葬群，所以我们必须停下来，等墓葬挖掘完毕后才能开工。

现代化的高速公路给 2000 多年前的古墓让行，这源于我们对文明的敬意与好奇。散落在古墓中的历史碎片勾勒出的正是 2000 多年前一个古城的容颜：那是辽东半岛南部地区第一个繁荣盛世的缩影！

【采访】普湾新区博物馆馆长 傅文才

咱们现在所在的位置属于姜屯墓地，在墓地的东南角，就是张店汉城的城址所在。那么，这个城面积大概在十万平方米，是当时辽东郡沓氏县的县城遗址。

公元前476年，中国历史上铁马金戈的战国时代拉开帷幕，雄踞中国北方的燕国迅速崛起。公元前300年，战国七雄之一的燕国派大将秦开击破东胡，攻占辽东，在辽阳设辽东郡，这是中原王朝在辽东地区建立的第一个行政机构。随后大秦帝国如巨星般一闪而过，给这片土地留下了一个转身而去的高大背影；公元前206年，大汉王朝建立，再次进入辽东地区的大汉官吏们，开始在这片天高海阔的蓝色海湾里夯土筑城、设县安民。

【采访】大连市史志办研究员 王万涛

汉朝在大连地区建立沓氏县以后，意义是非常深远的：一个是大连纳入中原王朝的统治，社会发展进入到了正常发展的轨道；第二是官府可以行使行政权，有效地剿灭盗匪，保证社会平和安定的环境。

据《汉书·地理志》记载，西汉辽东郡东起鸭绿江以东的大同江；西至今医巫闾山和大凌河干流以东；南临大海，遥望山东半岛；北至今辽宁省北部。辽东郡辖制18个县，沓氏县古城就在今天普兰店湾畔的张店。

在那个万物萧疏的岁月，因为有了这样夯土而建的古城，散居在村落里的人开始汇聚，一座座夯土而建的古城，吸引着南来北往的商贾。曾经荒芜的土地，生机勃发；大汉统治下的辽东，物阜民丰。中原农耕文明从此在这片土地上生根发芽，绵延不绝。

【采访】大连市艺术研究所研究员 李振远

汉代是大连经济文化发展的第一个黄金时期，当时由于政治稳定，稳定了将近300多年。所以内地的移民迁入大连，大连的农业有了很大的发展；煮盐业也有很大的发展；交通纵贯南北，山东的移民，都是从这里登陆的；古代的驿道连接到当时的辽东郡守辽阳。所以当时大连成为经济文化比较发达、人口比较稠密的地区。

东汉末年，汉室衰败，中原地区战乱迭起，辽东太守公孙度趁势自立为辽东侯，割据一方。

【采访】大连市史志办研究员 王万涛

东汉末年宦官和外戚政权钩心斗角，天下大乱，军阀割据。在东北地区有一个军阀叫公孙度，他趁乱就割据了辽东。公孙度虽然是军阀，但是他还是鼓励农桑，发展商业，发展教育。

割据辽东的公孙氏政权，政策开明，招贤纳士，偏安一方的辽东成为内地居民避难和各种人才汇聚之地。据《后汉书》记载，东汉末年，为避董卓之乱，齐鲁大地的儒家名士管宁、邴原、王烈等人渡海而来，传授儒家经典，在这片新生的土地上开启了一场儒家思想启蒙运动。

【采访】大连市艺术研究所研究员 李振远

在中国历史上比较有名的一些东汉末年的齐鲁名士到大连来讲学，其中有管宁、邴原、王烈等人，这些人没有去做官，而是进入民间传经讲道。所以他们到了辽南地区，对普及中原文化、传播礼仪道德起到了非常重大的作用。

沧桑轮回，风雨剥蚀，曾经繁华的古城如今只留下这矮矮的一堵土墙，散落的砖石，成了当地村民家中珍贵的收藏。

【采访】普湾新区铁西办事处张店屯 居民

这块砖是我 20 多年前在地里干活捡到的，他们说这是汉朝时候的一块砖，所以说我就留到现在，一直舍不得扔掉。

祖祖辈辈生活在这里的张店人，始终对脚下的这片土地怀着一种敬畏和荣耀。尽管那个消失的古城是那么的遥远而陌生，但是在心灵深处，古城是他们家园弥足珍贵的文明符号。

距离张店汉城 200 多公里处的营城子汉墓，是汉代大连地区留存下来的又一处非常集中的墓葬遗址。每天早晨 7 点钟，看守汉墓的老杜就要起床清扫墓园，开始一天的工作。这位 63 岁的老人以最朴实的行动承担起了守望文明的角色。

从上个世纪 30 年代至今,陆续发掘的营城子汉墓群,又以别样的恢弘留存下了汉代大连地区物阜民丰的繁华背影。

【采访】大连市文物考古研究所副研究员 张翠敏

在营城子汉墓群当中,我们发现了大量的汉代文物,其中最重要的发现一个是全国罕见的金"十龙带扣",还有一个就是壁画,以及壁画墓的建筑结构。这三样东西的工艺水准相当高,充分证明两汉时期大连地区的文化发展水平已经达到了相当高的程度。

往事越千年,2000 多年前的繁华盛世,在今天又一次被新一轮民族复兴的激情所唤醒。俯瞰这片历经沧海桑田的土地,人们耳畔回荡的是"萧瑟秋风今又是,换了人间"的吟唱。

"东临碣石,以观沧海",1800 多年前,站在渤海岸边的曹操留下了这样的诗句,想必他的视线也一定瞭望到辽东这片沃野。中原大地上三国群雄逐鹿的厮杀很快殃及到辽东公孙氏政权。公孙氏夹在魏吴两国之间苦苦支撑,最终没能阻挡司马懿大军,公孙氏政权很快退出了历史舞台,晚到的吴国大军索性将沓县大批人口连同正在萌发的锦绣繁华,掳掠一空。

【采访】辽宁师范大学历史系教授 刘俊勇

这场战争之后,大连地区基本上处于非常荒芜的状态。几百年以来人烟稀少,在汉代所创造的物质文明,基本上是荡然无存。

曹魏大军走了,繁衍生息数千年的先辈们走了。此后的千余年,这里迎来的是一个又一个彪悍的中国北方少数民族,文明的种子总是刚刚萌芽,就被一列列马队践踏。

(三)

佛音绵绵,香火缭绕,悠长的钟声仿佛从远古传来,这是大黑山的早晨。这是一座有着厚重历史的大山,不

仅仅因为这里有千年古刹，还因为这里珍藏着一个盛世王朝收复国土的记忆。

从东汉末年三国群雄逐鹿到隋唐一统天下之前的400多年间，中原大地陷入长期动荡，数十个政权交替更迭，在统一与割据的反复撕裂中，促进了华夏大地多民族之间文化的相互融合。

蜿蜒在大黑山山脊上的山城遗址，就是1600多年前割据辽东的中国东北古老少数民族为抵御中原王朝的部族进攻而修建的卑沙山城。从雄心勃勃的隋文帝到功高盖世的唐太宗，曾十余次出兵征伐辽东，直到唐太宗晚年最后一次龙辇亲征到辽阳，统一大业还是没能完成。

【采访】中国社会科学院研究生院历史系教授 商传

中国历史上任何一代帝王，他一旦取得了一个统一的地位，那么他有一个非常重要的事情——开疆拓土，祖宗留下的地方不能丢。这是历朝历代帝王的一个目标，所以唐朝要开拓辽东。

大唐帝国最终收复辽东的时候，战争已经持续了近70年。凯旋的欢呼声中，一个叫王建的诗人发出了“宁为草木乡中生，有身不向辽东行”的悲叹。

【采访】辽宁师范大学历史系教授 刘俊勇

从国家统一的角度，唐王朝是花费了巨大的人力物力，最终统一了辽东半岛，也就是说使辽东半岛和东北地区一样纳入唐王朝的版图。

在辽东半岛南端的黄金山，大唐鸿胪卿崔忻留下了一块记录中原王朝和东北地方民族政权关系的“鸿胪井”刻石，它见证了大唐王朝实现多民族统一的丰功伟绩。上个世纪初，日本殖民统治者发现了这块刻石的价值，用军舰将刻石窃运回日本，放进天皇的皇宫，至今未还！

沧海桑田，岁月剥蚀，山城留下的废墟如今已经成为历史的一部分，一垒垒残垣断壁仿佛至今还在诉说着刀光剑影的惨烈。从魏晋南北朝到唐初数百年，大连地区长期处于割据和动荡中，这片坎坷的秀美河山与盛唐繁荣失之交臂，唐文化的奔放和史诗般的恢弘只留下了永久的叹息！然而，从远古时期开始萌发的中原文明，却一直在这片土地上扎根繁衍，绵延不绝。

大黑山的唐王殿供奉着唐太宗的塑像，1000多年来，唐王殿香火不断。传说唐太宗李世民曾在这里号令百万雄兵，后人就在山顶修建了点将台，这是后人对盛唐文明的敬仰，人们宁愿相信这样的传说是真实的！

公元755年，安史之乱爆发，辉煌的大唐王朝随后在百余年藩镇割据的动荡中陨落。中原大地陷入五代十国混乱中，在此期间，崛起于中国北方的三个马背民族先后占据辽东。

公元916年，契丹人在北方草原建立辽国后，纵横千里，长驱直入，占据辽东，在复州和金州夯土筑城，城郭兴起的复州和金州成为当时大连地区政治、经济和文化中心。在大连湾，契丹人筑起扼守黄渤海险隘的“哈斯罕关”，大连因此成为辽与北宋对峙的一个军事要塞；在复州，契丹人筑起高高的永丰塔，用精美的佛教建筑和晨钟暮鼓的佛音告诉后人他们对和平的渴望。

然而晨钟暮鼓的佛音并没有带来持久的和平，女真人战马驰骋，在东北地区建立“金”政权，占据辽东，与南宋政权对峙百年。热衷于吸收中原文化的女真人，在这片饱经沧桑的土地上留下了脍炙人口的美丽诗篇，留下了风雨千年的双塔和摩崖石刻。

“万里河山有燕赵，一带风俗自辽金。”辽金元时期，北方游牧文化与中原农耕文明在这片土地发生了激烈的碰撞与融合。大连，这处海洋边陲在一次次飓风般的磨难中，用历史的尘埃积淀着自己的文明高度。

【采访】大连市艺术研究所研究员 李振远

这个时期大连的文化，错过了中原文化的成熟期。但是这一时期大连并没有成为文化的荒漠，文化之根还在孜孜不倦地绵延传承，而且呈现出野火烧不尽、春风吹又生的顽强生命力。

一个个强悍的马背民族在黄渤海边遥望中原的文明盛世，酝酿着一个又一个铁骑南下的梦想。然而，此时的世界，欧洲已经走上文艺复兴的道路，伊比利亚半岛上的葡萄牙人已经步入了大航海时代，对土地与财富的追逐，改变着世界的版图。而我们脚下的这片与黄渤海相拥的秀美河山，它多舛的命运还远远没有结束。

2010 年 6 月 19 日，大窑湾新建成的 30 万吨级原油码头像卧龙一样伸向蔚蓝色的海洋。当由这个码头出航的第一艘巨轮缓缓驶出，走向大洋深处的时候，作为东北航运中心的大连又步入了一个新的征程。这是广阔而自由的大海给予大连走向世界的自信和从容。

然而，从世界进入大航海时代的 600 多年文明进程来看，这座因海而生的城市，走向远洋的历史也只有 100 多年，在战乱频仍、闭关锁国的纠结中与世界大航海时代错失数百年。

【采访】辽宁师范大学历史系教授 田久川

明朝没有同西方国家的大航海时代同步前进，因此基本上没有走出国门，可以说是错失良机。这样就导致了我们沿海地区，包括大连地区在内，这个航海业和其他经济的发展，受到了很大的局限。

600 年前，大明王朝的战舰乘风破浪抵达大连，因旅途平顺，把当时的狮子口更名为旅顺口。此时，这片历经坎坷的土地又重新融入中原农耕文明的发展进程。

【采访 1】中国社会科学院研究生院历史系教授 商传

那时候它叫金州卫，就和我们现在的更有名的天津卫是一样的。当时金州卫这一带也有盐，也有铁；它也是一个有经济基础的地方，它又是一个海运登陆的地点。

【采访 2】辽宁师范大学历史系教授 田久川

明朝迎来了自汉以来的第二个经济繁荣期，老百姓的日子过得相对来说要好得多，农业有很大发展，出现了军屯、民屯、商屯遍地开花的形式，那么制盐业、冶铁业也有很大发展，整个来说，大连地区的经济可以说是一片欣欣向荣的景象。

那是一幅洋溢着幸福的画面：平畴沃野，南来北往。明朝的一位官员面对这景色秀丽的河山，饱含深情地发出了“极目南天纷瑞霭，乡人指点是蓬莱”的感叹！然而在王朝轮回更替中，和平的日子总是珍贵却短暂。当袁崇焕在旅顺双岛这片荒凉的山野间斩杀毛文龙后，留给自己的是一个无法挽回的悲剧，留给历史的则是一个王朝的快速灭亡。

（四）

天门山，这发源于长白山系千山山脉的巨大身躯，横亘在今天大连地理疆界的最北端，36 座险峻的山峰直冲云霄，英纳河和大洋河等上百条大大小小河流从美丽的山涧奔涌而出，一路向海。

险峻的天门山下，是大连最北部的韩家沟村，清澈的英纳河缓缓流过，韩家沟人在这个山水相依的“桃花源”中，已经度过了 300 多个春秋。

【采访 1】村民

我们祖上是闯关东过来的。

【采访 2】村民

现在已经是 24 代了。

【采访 3】村民

这个地方好，山好，水好，人也好！

【采访 4】村民

我们都不愿离开这里。

这是一个闯关东后代聚居的村落，村民至今还保留着先辈们“夜不闭户”的淳朴民风。300 多年前，韩家沟的先辈和千千万万齐鲁移民一起，从遥远的山东半岛迁徙而来，拉开了中国近代史上规模最大的移民大幕，那是一次永载史册的悲壮历程，也是我们今天多数大连人难以忘却的家族传奇。

明末清初数十年的争战，山海关外满目疮痍：大清铁蹄横扫辽南，昔日的辽南沃野，在王朝更替的摧残中再次荒芜。奉天府尹张尚贤在给皇帝的奏章中，描绘了辽东的景象：荒城废堡、败瓦残垣。沃野千里，有土无人。据他勘察，此时在辽东金州一带，仅余数百人。

【采访】大连市史志办研究员 王万涛

明末清初，由于动乱，大连地区的人口大量地逃往外地，基本没人了。那么现在我们大连的原始居民从哪来的？主要是从两个方向来的：从北京把部分八旗兵员及眷属派到大连来；长白山也拨来了一批满族的居民，像郎姓、梅姓、那姓都是老满族；绝大多数的大连人都是从山东、江浙、河北地区的农民闯关东来到大连地区定居的，他们是我们当代大连地区居民的原始群体！

顺治十年（公元1653年），大清王朝颁布《辽东招民开垦则例》，一系列丰厚的奖励措施，吸引了大批关内汉族移民。

【采访】复旦大学历史系教授 葛剑雄

移民是这样，就像波浪，从出发的地方浪最高，一路一路波浪就慢慢停下，到最后就没有了。人呢？他是为了生存，谁都不想跑得太远的。如果他从山东来，能够在大连、营口这一带生存了，他再往前干什么啊！

然而，浩浩荡荡的移民潮，很快就开始让清朝的皇帝忧心忡忡。为了保护祖宗的龙脉，康熙七年（公元1671年），大清王朝宣布废止《辽东招民开垦则例》，再去关外的百姓要按违法论处，原本通顺的关外之路变得无比凶险，一叶叶孤独而悲壮的船帆漂荡在万鲸波涛中，随时都会被暗潮汹涌的大海吞没。此后，一个“闯”字刻画出了世界近代史上一次最大规模移民浪潮的无尽神韵。

【采访】电视剧《闯关东》编剧 高满堂

两三千万人闯关东，死在路上的有五百万。冒着九死一生的危险，都是为了无尽的宝藏和安家立业的根基！

无论如何，先辈们追求梦想的路没有终止，他们相信只要来到这片肥沃的土地上，撒上希望的种子，就会有幸福美好的未来。

正是这些先辈们的开拓，荒芜的土地重新焕发生机：田野牧歌，古城村落，人文兴盛，士子成林。出生在庄河的著名诗人多隆阿，这样描述当时繁荣昌盛的辽南：“户尚淳良污俗少，人敦礼让古风多。年年倘有丰年庆，四野应听击壤歌。”

【采访1】辽宁师范大学历史系教授 刘俊勇

到19世纪中叶，我们大连地区居民是比较多了，农业得到了恢复和发展，可以称为在古代农耕文明发展的最后一个高峰。

【采访2】大连市艺术研究所研究员 李振远

虽然这个成熟来得比较晚，是迟到的成熟，但却是大连地区古代经济文化发展最高峰的时期！

1879年，两次鸦片战争之后，以李鸿章为首的大清洋务派官员终于认识到旅顺口的战略价值，从天津、上海等地招募数千名工匠，在旅顺修筑船坞和炮台，来自关内的技术移民开始在这片新生的土地上播撒近代工业文明的种子，自来水、电灯、邮局等现代的设施纷纷出现，数千年农耕社会中默默无闻的海洋边陲，此时正在走向一座接近工业化的近代城市。

然而，环顾此时的世界，欧洲人眼中的世界地理版图更加清晰，时间和空间的概念正在发生改变。完成工业革命的西方列强们，正在沿着新发现的航线扩张掠夺，策划着一场针对古老中国的巨大阴谋。辽东这片还在农耕文明中缓慢前行的海洋边陲，接下来，它的命运又将发生什么样的变化呢？

（五）

清咸丰十年五月初三，公元1860年6月21日，大清王朝军机处收到了盛京将军玉明的紧急奏折，奏折上说"金州和尚岛西南青泥洼海域，其火轮夷船停泊处，距岸约五六里"，盛京将军玉明在奏折中提到的不明夷船，正是第二次鸦片战争期间游弋到大连海域的帝国间谍船。

【采访】中共大连市委宣传部原副部长 董志正

1860年，英国派商船和间谍船到大连沿海侦察军情测绘海域。他参照当时的古地图，就绘制出了辽东大连湾海图。当时海图上标的，大连湾就叫维多利亚湾，旅顺港他标成亚瑟港。

当列强率先具有了驾驭海洋的能力，蜿蜒的大连海

岸在他们眼中已经变成了放射着耀眼光芒的黄金海岸。然而，沉浸在"天国来朝"的痴梦中愚昧腐朽的清王朝，其实是在入侵者贪婪的目光中才察觉到这片北方海岸的无尽价值的。但腐朽的制度，落后的生产力，已经注定了这片海岸无可挽回的屈辱命运。

当李鸿章呕心沥血构建的北洋水师在日军炮火下灰飞烟灭，当邓世昌指挥的"致远舰"撞向日军吉野号的时候——留给那个时代的是无限的悲壮，留给后人的则是永远的刺痛！

1894 年秋天，日军攻占金州，曲氏家族一家十口跳井自杀，这 10 个孱弱的生命，以悲壮的浩然之气永远留在了她们挚爱的故土；也是在这一年 11 月，旅顺口在一片火光和哭喊声中变成了死城，残暴的日军以野蛮的屠杀宣告对这片土地的占领。

【采访 1】中共大连市委宣传部原副部长 董志正

一个小小的日本，能打败貌似强大的清朝，就给世界一个启示，由此引起了分割中国的狂潮！

【采访 2】大连民族学院历史学教授 关捷

甲午战争以后清政府的失败，导致这块土地，中国政府没有权利来控制，完全被日本帝国主义所操纵！

大清王朝的龙旗黯然离去，处心积虑的沙俄乘机占领旅大。不到 10 年，日俄两个列强又在这片伤痕累累的土地上争战了 328 天，这片屈辱的土地饱受战火摧残，满目疮痍的河山饿殍遍野、民不聊生。

诗人闻一多后来在诗歌中悲愤地写道："我们是旅顺，大连，孪生的兄弟/我们的命运应该如何的比拟？/两个强邻将我来回的蹴踢/我们是暴徒脚下的两团烂泥……"

【采访】中共大连市委宣传部原副部长 董志正

1954 年，一个当时的波兰议长会议副主席，在旅顺的白玉山上，俯瞰了旅顺口，听到了叙述以后说了一句话："这是一座可怜而又英雄的城市！"

这是一座遭受太多磨难的城市，那是因为她有着黄金一般闪耀的海岸，无论是西方列强还是东方近邻都曾预谋以暴力把她掳入自己怀中;但这又是一座英雄的城市,那是因为,百折不挠是这片土地上的人们与生俱来的基因。在那个血与火的岁月里:傅立鱼在《泰东日报》上振臂高呼;刘长春冲破重重险阻,走上了奥运会的赛场;抗日放火团用鲜血染红了辽南沃野……

【采访】大连民族学院历史学教授 关捷

大连地区人民一直是以不屈不挠的精神,来挣扎、斗争、反抗,为这座城市寻找独立、自由而奋斗着!

(六)

眼泪、创痛和牺牲终于换来了宝贵的自由。1945 年,随着苏军的进驻,中国共产党人在这里建立了属于人民的政权,这片饱经沧桑的土地迎来了有史以来最为辉煌的一次新生。自由的土地,自由的人民终于释放出如波涛般澎湃的力量,去创造一个属于自己的独立自由的新家园。

【采访】大连市艺术研究所研究员 马鸣捷

大连人几乎是没有喘息的,解放战争胜利了,紧跟着抗美援朝战争爆发了;抗美援朝战争停战,马上第一个五年计划(开始了)。所以这段历史上大连出现了很多英雄人物,比如中国的“保尔·柯察金”吴运铎同志、党的好女儿赵桂兰同志。他们都是英雄的大连人民的代表,他们体现了“为了中国能立于民族之林忘我地奉献”这种精神!

这是在那个激情燃烧的岁月里,响彻在大连街头的最响亮的旋律。它极为准确地描绘了我们这座城市当年的风貌,也为这座脱胎于殖民囹圄中的城市进行了一次崭新而又影响深远的精神奠基。不久之后,大连这座中国最早发育工业文明的城市就以自己的钢筋铁骨,成为“共和国的长子”,为祖国母亲扛出了无数个新中国第一:举办了新中国第一个工业展览会,建造了中国第一艘弹道导弹潜艇,制造出新中国第一艘万吨轮……此后的数十年,大连在巨变中为祖国创造荣耀,在阵痛中为祖国承担风雨。大连成为祖国母亲引以为傲的优秀儿女!

【采访】大连市艺术研究所研究员 马鸣捷

这种精神，我们永远不能放弃。今天的大连人，要继承大连人的这种精神、这种宝贵的传统。为祖国而奋斗，为祖国而奉献！

1978年，神州大地上的人们似乎一夜之间就从飘雪的隆冬走进姹紫嫣红的春天。在那个春天里，全中国人民通过这样一段自豪的旋律被一座如春花含苞般的城市所吸引，此后的岁月，这朵含苞欲放的春花终于怒放于天下。

尾 声

这就是我们坐落在大海之滨的家园，数千年来，我们的祖先汲取日月精华，把这里耕耘成一片富饶的沃野。近百年来，我们的先辈聆听大海的涛声，在这里留下了穿透岁月的浩气长歌。新中国火红的岁月里，当家做主的大连人以铁锤的铿锵、大船的雄壮谱写出时代的强音；改革开放30年，大连又以探索的勇气，闪光的智慧为祖国捧出了一个熠熠生辉的北方明珠。今天，我们的家园正在经历又一次沧海桑田的历史性变迁，这片古老的土地，正在以博大的胸怀，书写着有史以来最新最美的篇章。

一个民族要有骨气，一个军队要有士气，一个人要有志气，那么一座城市呢？在2010年这个火热的夏天里，在大连又将向着一个新的宏伟目标进发时，在挖掘城市精神这个大的时代主题下，我们来做一次深情的回望：古老的土地、绵延的海岸、年轻的城市，这是大连人的美丽家园。她在过去赋予我们以永远的活力，她在未来仍将给予我们不竭的力量。再过十年、二十年、三十年，当这片黄渤两海海岸捧起的土地上续写出新的传奇，我们会以更加自豪的声音向历史上的先人、向整个世界说：我家住在大海边！

第二集　此是神京第一关

从浩瀚的太空俯瞰地球，中国版图宛如雄鸡振翅欲飞，鸡喙处便是名闻华夏的迷人半岛。黄渤两海东西相拥，千山山脉南北纵横，这个有着悠久历史和金子般千里海岸的地方，就是我们美丽的家园。

这是一片物产丰饶的土地，每逢太平盛世，则商贾云集，文化交融兴盛；

这是一块饱经沧桑的土地，每当世代更迭，便兵戈相向，生灵哀号涂炭。

拱卫京津之要塞，挺进东北之门户，特殊的地理位置，赋予这片土地传奇的历史际遇，也锻造出人们开放包容的胸襟、重商亲商的文化和不屈的民族气节！

（一）

2006年11月6日，旅顺羊头洼港上一声长长的汽笛，开启了渤海海峡铁路轮渡的历史。这湾浅浅的海峡，由此成为当今中国最繁忙的海上通道之一。

历史，总是在不经意之间埋下伏笔。就在离烟大铁路轮渡羊头洼港不远处的老铁山脚下，一个名叫郭家村的小村庄，上世纪80年代，发掘出一处新石器时代的遗址。其中的一件出土文物，让考古学者大为惊讶：这是一个和现今船只有着相似轮廓和比例的陶舟形器。

【采访】辽宁师范大学历史系教授 刘俊勇

这种陶舟形器是现实生活当中的人们，根据已经能够使用的工具，制造出来的陶制模型。大约5000多年以前，辽东半岛和胶东半岛就有了文化上的交流往来，这种交流往来的媒介就应该是用船来进行的。

这是有着数千年传统的黄金海道。早在距今5000年前，齐鲁大地上的先人就曾摇一叶扁舟漂洋过海，将温热的中原文化的种子装在陶罐里，带到这片土地上。从此，辽东半岛的陶壶瓦罐上，绽放出了和中原地区一样的美丽花朵。

也就是从那个时候起，这片物华天宝的土地上，逐渐形成一个个人烟密集的城郭，商贸往来之间，这里的人们聚集着财富。像今天一样凉爽的海风吹拂着世代居民，文明在南来北往的交融汇聚之中萌芽生长。

【采访】大连市艺术研究所研究员 李振远

大连地区地理位置优越，水陆两利，自古就是中国南北经济文化交流的通道。这个地区气候适宜、物产丰富，不仅可以精种也有丰富的渔盐之利。燕据辽东时期有"辽东之煮"著名天下，就是说辽东的煮盐其中包括大连的煮盐，已经成为燕国的重要经济来源。到了汉代，因为人口的增加、交通的发达和形势的稳定，大连地区的商贸业、冶铁业、煎盐业都有了很大的发展。如果没有战争，这里会成为非常丰饶的发达之地。

公元1191年，一位名叫王寂的金国官员自北而来，一路上访古迹庙宇，会文人墨客，投宿寻常百姓家，谈诗论文，感慨颇多。"莫道山城晚得春，柳梢梅萼已争新。出呼老吏治花圃，自笑行人作主人。"这是王寂在今天瓦房店北部地区留下的清新诗句。从他后来所著的《鸭绿江行部志》当中，我们可以看到，当时的大连地区，虽被女真人建立的金国所统治，却弥漫着浓厚的中原文化气息，百姓安居乐业，社会平和安宁。

【采访】大连市艺术研究所研究员 李振远

金代主要忙于中原战争，大连地区成为他比较稳固的后方，所以经济文化有了很大的发展。20世纪50年代以来，我们从大连发现了60多处埋藏金代货币的窖藏，有的多达1000多公斤，这说明当时的商贸业已经发展到相当的程度。

据《鸭绿江行部志》记载，王寂一路寻访到了今天的金州以南地区。这从文中的描述可以清楚地看出："望西南两山，巍然漂于海上，访诸野老云，此苏州关也。辽之苏州，今改化成县，关禁设自有辽，以其南来舟楫非出此途不能登岸。"

【采访】大连市艺术研究所研究员 李振远

王寂所说的苏州，就是今天的金州；他所说的关禁设自辽，是指辽代在金州城南地峡所建的镇东关。

早在金国之前，公元10世纪到12世纪的中国，一个马背上的游牧民族崛起于草原之上。公元907年，契丹人耶律阿保机建立辽国，被称为当时的“东方第一强国”。它将中国北方统一起来，辽东半岛两侧的黄海海域和渤海海域，构成了这个新兴帝国的南部海疆，大连地区的关防要塞价值凸显出来。

辽建国第二年，也就是公元908年，辽国便做了一件事关兴亡的大事：在其东南国门所在的大连地区，“筑长城于镇东海口”，史称镇东关。

【采访】大连市艺术研究所研究员 李振远

镇东关建于黄海、渤海(之间)陆地最窄的地区，是大连地区的咽喉，当时是为了防止女真人与南方往来，因此它也具有缉私性质。当时走私行为比较猖獗，因此这个关也具有海关的性质。这说明大连地区在水路交通方面有着很重要的作用。

辽国兴起之初，由于陆上交通被隔绝，镇东关所在的辽东半岛南部地区，就成了唯一能够与中原交往的口岸，主要的海港分布在今天的大连湾和旅顺口一带。

【采访】辽宁师范大学历史系教授 刘俊勇

辽是契丹人建立的国家，可以说是一个草原国家，但是却非常有海洋意识。在契丹的内地，今天的内蒙古东北地区，赤峰地区和辽宁朝阳地区，在已发掘的契丹贵族墓当中都发现了大量的瓷器、丝绸。这些瓷器和丝绸都是通过海上丝绸之路，从南方运到大连地区，再从大连地区上路，从陆路运往契丹内地。

那时的黄渤海航线上，一队队的商船扬帆远航，虽不及今天的盛况，却已是当时世界上最繁忙的海域之一。为了便于官方贸易，辽、宋在交界处设立了“榷场”，也就是今天的交易市场，并收取一定的佣金。史籍记载，宋朝每年因此收取的佣金，差不多正好可以抵消因对辽称臣进贡的支出。当时所有的贸易，都必须通过大连的各处海港码头才能完成，此时的大连，已经一跃成为南北贸易重要的中转站和物资集散地以及东北亚的海上走廊和交通枢纽。

200 年后，契丹人建立的辽国，被女真人建立的金国所取代。辽金时期，大连地区虽为两个古老的马背民族统治，经济与社会发展却并没有停滞，反而进入了又一个空前的民族大融合时期。

【采访】大连大学中国文化研究中心教授 王善军

在人类历史上，这种文化的交流、民族的相互融合是社会发展的表现。我们今天中华民族形成这样一个强大的凝聚力的民族，这与辽金时期，北方民族和中原民族之间的相互交往、交流融合有很大的关系。

千年的风雨剥蚀，当年雄伟的镇东关长城，如今已大部分淹没在山野田垄之间。它所守护的黄渤两海，也并没有成为永远太平的海上通途。数百年后，在一艘艘战舰的阴影里，辽南这个原本面朝大海，最具开放活力的半岛，成为了抵御外族入侵的海防要塞。

（二）

再次俯瞰辽东半岛南部所处的黄渤海地区，人们会发现，辽东半岛、山东半岛之间的渤海海峡，曾几何时，已经从往日的海上商道演化为扼守京津唐地区的重要门户。金州至庄河的黄海沿岸，变成了确保联通旅顺与辽沈的海陆要津。沿岸分布着的大小港湾海深岸阔，便于从海上登陆，向南即可占领大连湾与金州湾的蜂腰部，控扼其狭窄地段，也就是当年辽国修筑镇东关的地方，从而切断旅大与内陆的联系。当中国的版图逐渐清晰，北京成为明朝和清朝的政治中心后，辽东半岛南端的大连地区也就成了列强从海上入侵京津和东北腹地的最佳战略选择。

【采访】中共大连市委宣传部原副部长 董志正

许多时候（大连地区）都是一个重要的战略要地，要想南下要想北上，要想东进要想西退，都不能不通过这个海上交通要道。

这样一个在军事上具有独特价值的半岛，在海洋文明兴起、战船火器越来越先进的时代，自然引来众多贪婪的目光。

在今天金州区亮甲店东北，有一座平缓高旷的大山，叫金顶山。金顶山上，原本有一座中心城堡，因可由此观察黄海海面，故称望海埚。早在600年前，这个小小的城堡就记录下了辽东半岛军民抗击异族侵扰的光辉战绩。

明朝初年，暗地里得到日本幕府支持的海盗集团，也就是当时被中国人和朝鲜人称之为倭寇的武装团伙，屡次侵犯朝鲜和中国东部沿海。从1323年到1422年近百年间，地处海陆交通要冲的辽东半岛南部居民深受其害。

【采访】辽宁师范大学历史文化旅游学院教授
都兴智

从明洪武二十年到二十八年(公元1387年~1395年)，八年之间，大概窜扰金州的倭寇就有四起以上，倭寇所到之处，杀人掠货、抢劫财物，无恶不作，给大连带来了深重的灾难。

据明代焦竑所著的史料笔记《玉堂春语》记载，明朝宰相徐阶曾上奏皇帝说：倭寇的用心，无论是对朝鲜，还是中国，都“意不在抢而在扰，势不欲去而欲留”！也就是说，当时的明朝统治阶层已经洞悉了倭寇意欲占据辽东，进而有所图谋的狼子野心。于是，在扫除了辽东的残元势力后，大明王朝在辽东半岛南部地区正式设置金州卫。按明朝定制，一座卫所一般设军士5600人，而当时的金州卫设6个千户所共有近2万军士，超过定制三倍，居辽东各卫之冠。

【采访】中国社会科学院研究生院历史系教授 商传

(辽东地区)在军事上的地位变得非常重要，比其他任何地方都重要。一个是对付辽东兴起的后金，一个是对付侵入朝鲜半岛的日本，所以针对这两个威胁，明朝加强了辽东的军事。

永乐八年(公元1410年)，辽东总兵刘江上任。刘江本名刘荣，江苏人，冒父名从军，早年跟随明朝开国元勋徐达作战，史书记载他为人“雄伟多智略，为将常为军锋，所向无坚阵”。他曾两次跟从明成祖朱棣北征元朝残余势力，屡立大功，受到皇帝封赏，任左都督，率军镇守辽东。

【采访】中国社会科学院研究生院历史系教授 商传

左都督是职业军人最高的职务，这么一个高级地位的军官在这个卫所里面，它说明了什么呢？说明朝廷对这个地方军事地位的重视。

刘江深知辽南形势之严峻，迅速着手加强辽南海防建设。旅顺南北两城相继开工，增设望海埚城堡和七处烽火台及八处驿站，畅通驿道、训练官兵，到永乐十五年（公元1417年），已经形成覆盖辽南的整体防御体系。如今，行走在大连的乡野间，还不时会看到这样或圆或方、或土夯或石砌的城堡哨所、烽燧墩台，贴近前去，仿佛还可以听到来自几百年前的人喧马嘶。

公元1419年6月13日深夜，望海埚守军突然发现，东南方向王家岛附近火光成片，马上飞报刘江。刘江连夜率军赶赴望海埚，断定必是倭寇入侵，随即下令兵分三路迎敌。

【采访】中共大连市委宣传部原副部长 董志正

敌人上来以后，就扑堡而来。扑堡进去以后（刘江）就告诉，你们给我三面围住，空出一面，发动进攻。他们没想到埋伏了这么多的人，而在岸边的民兵趁他们登陆，把他们的船给烧了。这1500多人杀死了几百人，后来剩下的七八百人作为俘虏，用几十辆大车押送到北京。

望海埚大捷是明朝抗倭斗争的第一次重大胜利。《明史・日本传》中记载，“自是百余年，倭不敢窥辽东”。终明一朝，即便是倭患最为严重的嘉靖年间，辽东沿海依然安宁太平。

望海埚大捷之后不久，被明成祖封为广宁伯的刘江因病去世。人们感念一代名将的丰功伟绩，在望海埚山下筑真武庙，希望辽南的土地上不再有兵戈相加。400多年后，大清王朝一位声名显赫的重臣也渡海来到辽南，这个时候的辽南海面上已经是波诡云谲。

【采访1】军事地理专家 郭东升

在资本主义国家、帝国主义国家都重视海洋发展的时候，我们还在闭关锁国，错过了走向海洋的最佳时机，清朝就是一个恶果。

【采访2】大连市近代史研究所所长 华文贵

从鸦片战争当中吸取了教训，以李鸿章为首的洋务派开始革新突变，第一要务就是加强海防。旅大地区因其特殊的地理位置，清朝希望这里能够成为抵御外族入侵的要塞。

公元1881年深秋的一天，旅顺口的海面上驶来一艘悬挂着大清龙旗的官船，船舱中坐的正是直隶总督、北洋大臣李鸿章。随船同行的，还有洋务派要员、负责筹备海防事务的周馥。他们此行，是要在旅顺口沿岸寻找一处海湾修筑海军基地。在老虎尾的海面上，看到这里群山环伺，水深港阔，门户天成，周馥不禁大为感慨，信笔题诗曰“朝宗万派瀛寰水，此是神京第一关”。周馥笔下的这个“关”，主要是指它的军事地位。

【采访】辽宁省军区原司令员 钱南忠

神京第一关的“关”，在军事上指的就是关口、通道、咽喉、要塞。特别是旅顺老铁山和山东半岛的成山头，像两只猛虎一样守卫着渤海。如果这扇大门洞开了，那么就可以直插京津，危及到京津地区的安全，所以大连地区的门户地位相当重要。

公元1881年12月1日，李鸿章的奏折被呈到紫禁城光绪皇帝的御案上。奏折上说，“旅顺口为京津锁钥，形势险要”，力主在此修筑海军基地。

【采访】大连民族学院历史学教授 关捷

清政府之所以选择旅大地区做为重要防御基地，主要是从自然条件来看，一个是这是天然的港湾，海水深、群山环抱，地理位置优越；再一个和陆地相连，连接着朝鲜半岛，并与山东半岛隔海相望，是重要的基地，有重要的价值。

自1881年开始，李鸿章先后八次到旅顺口巡视，在他的主持下，洋务派官员们从外地召集“五工六匠”，聘请外籍工程师，加紧修军港，筑船坞，建海岸陆路炮台，开设水雷、鱼雷和管轮学堂，设置海军公所，昔日的海洋边陲被建设成为海防重镇。

【采访】中共大连市委宣传部原副部长 董志正

一年拿出400万两银子，当年中国的财政收入是8000万两银子，百分之五的国民收入，不小的数字。清朝感觉到岌岌可危，不是因为李鸿章有能力，而是因为国际形势逼迫你，不能不加强北洋水师的海防建设。

但无论对于李鸿章还是他苦心经营的北洋舰队来说，这都是昙花一现的光影瞬间。此时，在仅一海之隔的日本，那个始终野心勃勃的岛国，一个巨大的阴谋已经开始酝酿！

（三）

1891年6月30日，位于日本本州东南的神户港彩旗飞扬，当地政府和日本海军的大批官员在岸上翘首迎候。港湾入口处，一队龙旗飘飘的战舰，正缓缓驶来。

这是北洋海军应邀对日本的隆重出访。一个多月的时间里，迎着东瀛夏季融融的暖风，海军提督丁汝昌率六艘铁甲战舰先后访问了横滨、东京等城市。所到之处政府和军队高官纷纷设宴款待，气氛极为融洽。但在这微笑面孔的背后，带着血腥味的武士刀已经利刃出鞘，挥举得越来越高，而刀锋下的天朝大国却浑然不觉。

【采访】大连民族学院历史学教授 关捷

日本明治维新以后，日本天皇下了一个命令，那里面有一句话，大家都知道，就是"开拓万里波涛，布国威于四方"。他们早就蓄谋要侵略中国，对中国北洋军舰了如指掌。

这是一张19世纪的日本浮世绘，一群海军将校围坐一起，情绪激动地谋划着征服大清国的计划。这样的话题在当时的日本国内，已经成为一种主流的声音。在所有的计划当中，辽东半岛南部，都被列为侵略中国的首要目标。

【采访1】军事地理专家 郭东升

日本领土面积有限，资源匮乏，所以他制定了大陆政策。因为大连这个地区具有雄厚的经济潜力，可提供长期的战略资源，所以第一步占领了大连。他把目标首选为大连，就可以建立一个长期发展的基地。

【采访2】大连民族学院历史学教授 关捷

旅大是首先要占领的地区，一旦有了旅大，就等于进入渤海的门户被占领了，他就可以长驱直入，然后陆上可以到山海关，一直进入到北京地区。

日本人这个计划的导火索，是要在当时的朝鲜挑起事端，以吸引北洋海军主力决战，毕其功于一役。此前，应当时的朝鲜政府的请求，清政府派兵2500人帮助朝鲜政府平定内乱，然而，日本政府也心怀叵测地派兵介入朝鲜事务，同清政府在朝鲜形成对峙。1894年7月21日，清朝政府派出运兵船前往朝鲜，增援在那里遇到日军挑衅的清朝军队。战争已经一触即发，但这并没有冲淡北京城里的喜庆气氛，因为光绪皇帝的寿辰就要到了，京城处处张灯结彩，大大小小的官员们都在为给皇帝祝寿忙碌着。

两天后，紫禁城里的大红灯笼还没有拆下，一个令人震惊的坏消息传来：日本军舰在丰岛海面突然袭击中国舰船，"高升"号运兵船被野蛮击沉。

【采访】大连市近代史研究所所长 华文贵

与海上偷袭中国舰船几乎同步，1894年7月29日，日本混成旅团向驻扎在朝鲜成欢、牙山的清军叶志超、聂士成部发动进攻，因寡不敌众，两部相继败退。

1894年8月1日，震怒不已的清政府正式发布谕旨对日宣战，"著李鸿章严饬派出各军，迅速进剿，厚集雄师，陆续进发。沿江沿海各将军，遇有倭人轮船驶入各口，即行迎头痛击，悉数歼除。"

【采访】大连市近代史研究所所长 华文贵

当时清政府觉得，自己还是天朝大国，北洋海军实力强大，亚洲第一。辽东海防经过李鸿章多年经营，已经十分坚固，所以根本没把日本放在眼里。

1894年9月16日凌晨1时，夜幕笼罩下的大连湾，当时被誉为"亚洲第一海军"的北洋舰队，悄悄出海。北洋海军提督丁汝昌亲率18艘主力战舰，护送刘盛休的8

个营4000人,前往朝鲜支援。在安东附近大东沟的黄海海面上,中日海军遭遇,随即展开一场规模空前的海战!

【采访】大连市近代史研究所所长 华文贵

日舰的重吨位虽不及北洋海军,但船快炮快,海战的结果是北洋海军三舰被击沉,一舰搁浅,一舰触礁,海军军官邓世昌、林履中和林永生殉国。日本海军五艘战舰受伤。从战果上看,北洋海军是失败了,但是从战略上看,北洋海军完成了掩护陆军登陆和集结的任务,让日本海军一举消灭北洋海军的企图落空。

1962年,长春电影制片厂拍摄的电影《甲午风云》上映,话剧演员李默然成功地塑造了英雄邓世昌,使这个历史上杰出的爱国志士形象高大而醒目地耸立在新中国银幕上。

这场在中国被称为甲午战争的巨大悲剧,留给大连地区人民惨痛的历史记忆。大东沟海战之后,北洋海军退回旅顺和威海卫基地,不再出战。1894年10月24日凌晨,取得制海权的日军,派出舰队护送陆军第二军24000人在庄河花园口登陆。11月6日,日军从东西两面进攻金州城,驻守旅顺的清军总兵徐邦道,在得不到各处守军支持的情况下,率所部3000多人孤军北上,配合金州守军与日军激战,但终因寡不敌众败退下来。随后,李鸿章花费巨资修建的大连湾炮台,因守军不战而逃,也落入日军手中。败退下来的各军回撤旅顺,徐邦道再次率部出击,在旅顺外围土城子与日军激战,虽然取得小胜,却已无法挽回败局。

此时,北洋海军已退守威海卫。攻入旅顺口的日军制造了震惊中外的"旅顺大屠杀惨案"。历史不会忘记1894年11月21日那个泣血的黄昏,这群杀人恶魔冲进了旅顺口,开始了四昼夜的大屠杀。当时一位名叫艾伦的英国船员,记录下了这场惨剧的细节:"好多日本兵,拼命将一群难民往池塘里赶,不一会儿池塘里便塞满了人。只见难民在水里乱成一片,池塘边的日本兵,有的拿枪射击,有的用枪上的刺刀刺。池塘里断头的,斩腰的,穿胸的,破腹的,搅成一团,水变成通红一片。日本兵在一旁欢笑狂喊,快活得不得了。"

（四）

中日正式开战之后，英法德美等列强立即宣布中立。唯独俄国不做任何表态，而是用别有深意的目光注视着辽东这片海域。大清帝国的全面失败，颇有些让俄国人意外。日本以《马关条约》割占与俄国接壤的辽东地区的结果，更让一直对辽东有所觊觎的俄国人无法接受。

【采访】军事地理专家 郭东升

沙俄有他的考虑，因为在远东地区只有一个海参崴，一年有5个月要上冻，大连地区是天然的不冻港，他是想占领旅顺，他不是出于什么政治，是出于自身的考虑，他有“黄俄罗斯”计划，想控制远东地区，寻找一个可以建立基地的港口，这样他就看中了大连。

在俄国统治集团中，沙皇和陆军大臣库罗巴特金等人都主张军事夺取中国东北，争夺远东霸权。库罗巴特金在日记中曾直截了当地说：“我们皇上的脑袋中有宏大的计划：要为俄国夺取满洲。”于是，中日甲午战争一结束，俄国便联合同样在远东有利益索求的德国和法国，一起向日本提出交涉，要求将辽东归还给中国，以便他们的侵略计划得以更好地实施。最终，清政府以多支付3000万两白银的代价赎回了辽东，但这笔巨款却只让辽东半岛回归了两年多的时间。

1896年3月，一艘法国油轮从上海出发前往欧洲，船上坐的是大清朝的外交重臣李鸿章，此行是赴圣彼得堡参加沙皇尼古拉二世的加冕典礼。李鸿章千里迢迢出使圣彼得堡，其中不乏有感谢的成分。然而，典礼之后仅仅两年，清政府却不得不与沙皇俄国签订丧权辱国的《旅大租地条约》。按照这个条约的规定：租借地内行政由俄国主掌，中国不得在此驻军，这意味着清政府完全丧失了对这片土地的主权。随后不久，沙俄的军舰就开进了旅顺口，刚刚回归的旅大又沦为沙皇俄国的租借地。

【采访】历史学者 周祥令

他（沙俄）花费了几年的工夫，从我们山东、河南、河北抓了6万多民工，加固旅顺要塞，在清政府原来的基础上重新进行扩建。

沙皇俄国侵占旅大，首先着眼于军事目的。但他的野心远不止于此，对于辽东半岛南部这块被欧洲人称为“东方直布罗陀”的地方，沙俄还有更加长远的目标：他要在远东建设一个自由港和一个新的城市，把沙皇俄国的军事和经济势力范围，都延伸到太平洋沿岸。

【采访】中共大连市委宣传部原副部长 董志正

他选择了辽东半岛南端的旅顺和大连，这样的话，趁着三国干涉还辽之后，一方面要在中国东北建一条铁路，另一方面就要控制出海口，作为他在东方出入太平洋的一个重要基地。

沙俄原本要把这个港口建在旅顺军港旁边，或者是现在大连湾的北岸，但经过勘测之后，这两个想法都被财政大臣维特推翻了。1898 年 6 月 3 日，在俄军将领杜巴索夫主持下，终于选定了大连湾东南的青泥洼东海岸，认为这里水深湾阔，常年不冻，是建港的最佳地址，并立即向维持报告。6 月 10 日，沙皇正式发布建港的命令。维持指定总工程师萨哈罗夫负责，经过一年规划、设计，1899 年 8 月 11 日沙皇尼古拉二世发布敕令，宣布在大连湾附近准备兴建的商港为自由港，在商港附近还要再兴建一座新的城市。

【采访】中共大连市委宣传部原副部长 董志正

（沙俄）进行 7 年的建设，建大连港，建大连市，甚至近代化的很多东西，都开始逐渐建立起来。大连是个商港，而且是作为一个自由港。为什么作为自由港？因为这是矛头的一个焦点，他占领这个地方，也得给别的国家利益均沾，所以建了之后，就宣布大连商港作为一个自由港，而且要在远东成为一个最大的港口。

在现今的中国史学界，一些学者认为：大连是中国迈入近代的逻辑起点。而早在 1853 年，马克思在撰写《不列颠在印度统治的未来结果》一书当中，就对殖民主义的双重属性做出了科学的概括，他认为西方国家在其殖民侵略的过程中，也为落后的殖民地带来了先进的资本主义生产力，为殖民地的社会发展开辟了一条新道路。

【采访】中国社会科学院近代史研究所副所长 虞和平

毛泽东其实也讲到这个问题，因为殖民者他的目的，当然是来掠夺这个地方的资源，开拓这个地方的市场。他能从其他国家来，把中国的这个地方，作为他们的殖民地或者租借地了，那么他们就把这块地方，变成适合于他们生存的地方。

就在俄国人在辽东半岛上大兴土木的时候，大海另一端的日本执政者正瞪着通红的眼睛，紧锣密鼓地谋划着另一个重大的阴谋。“三国干涉还辽”，让日本把已经到手的辽东半岛拱手让出，这对日本的大陆政策是一个沉重的打击。于是，拿着清政府的赔款，日本全国上下开始大规模扩军备战，财政预算的40%直接用做军费，海军舰艇由不足8万吨扩充到了28万吨。日本人时刻准备着杀回旅顺口。

【采访1】大连民族学院历史学教授 关捷

当时在日本一个刊物上，有一篇文章题目就叫卧薪尝胆，他们计划用10年时间，发展重工业、发展军事、购买军舰，找机会和俄国决一死战。果然，1895年甲午战争结束到1904年，正好过了10年，日本就挑起了日俄战争。

【采访2】中共大连市委宣传部原副部长 董志正

经过10年的战备，日本发动了对俄战争。1904年2月8日的夜间11点半，日本舰队袭击了旅顺口外的太平洋分舰队，这样日俄战争就开始了。

1904年到1905年，日俄在辽东半岛上投入巨大的兵力，在旅大地区进行了长达328天的激烈厮杀。日俄战争共持续了一年多时间，最后俄国战败，日本人欢呼胜利。

【采访】军事地理专家 郭东升

（在日俄战争中）双方伤亡都很大，日军投入兵力是109万，最后伤亡27万；俄军投入兵力120万，伤亡和被俘27万，另外他损失了3支舰队、近百艘舰艇。应该说战况的惨烈程度是历史上绝无仅有的。

那时，一个远在日本求学的中国年轻人看到了一段关于日俄战争的影像。后来，他在文中写道：“一段落已完而还没有到下课的时候,便影几片时事的片子,自然都是日本战胜俄国的情形。但偏有中国人夹在里边:给俄国人做侦探,被日本军捕获,要枪毙了,围着看的也是一群中国人;在讲堂里的还有一个我。'万岁!'他们都拍掌欢呼起来。这种欢呼,是每看一片都有的,但在我,这一声却特别听得刺耳。"(鲁迅《藤野先生》)这个青年叫周树人,笔名鲁迅,从那一刻起,他就坚定了弃医从文,用文学改良国民精神的信念。

而在此期间,曾自诩为天朝大国的清政府眼望着两个列强在自己的土地上厮杀劫掠,肆意屠杀自己的臣民,却没有任何办法,只好宣布中立。四万万人齐落泪,天涯何处是神州。清廷的昏聩腐朽,将本已满目疮痍的旅大,推向了更加万劫不复的深渊。

【采访】作家 素素

在这场失败当中,大连地区,辽东半岛——我们这个城市就是牺牲品。它既悲惨,又处在前沿,它在这个中心,在这个时候被举到风口浪尖上。因为这个国家的落后,它成了列强鱼肉瓜分的地方。

从古代的海上文化经贸通道,到近代帝国列强瓜分中国的桥头堡,大连在海洋文明兴起的时代,又因其特殊的地理位置而遭遇到了历史上罕见的蹂躏和屈辱。在悲恨相续、血泪交织中,这片土地上充斥着悲情与惨烈,也崛起了不屈的气节和英雄的气概!

(五)

这里是旅顺日俄监狱,最初由俄国人修建,日俄战争后,由日本人接手并扩建。这座当时东北最大的监狱被称为东方的"奥斯维辛",成千上万抗日爱国志士在这里被关押、杀害。据日本《关东厅要览》和《关东局要览》披露:至1930年受刑者累计为27.6万人次;至1940年累计达44.3万人次。据《刑务要览》记载,1936年前先后死于重刑之下的就有150多人。

包玉侠是从日本监狱魔窟中幸运逃脱的少数人之一。1940年,她和同是"抗日放火团"成员的丈夫邹立升一起,被日本人逮捕,分别被关押进大连刑务支所(岭前监狱)和旅顺刑务所(旅顺日俄监狱)。

【采访】旅顺日俄监狱博物馆副馆长 王珍仁

抗日放火团，又被称为国际情报组、抗日谋略团等等，它是上个世纪30年代，一支以破坏日本在华军事设施、焚烧日军后方战略物资为目标的国际反法西斯斗争组织。

日本侵华期间，大连因其特殊的战略位置被作为侵略中国的重要基地。日本殖民当局深知，军事占领仅是实现其“大陆政策”战略目标的前提和条件，只有建立稳固的经济基础，掠夺尽可能多的物产资源，才能实现其既定大陆政策的物质保障。

为了全面掌握进而掠夺东北的资源，日本早在1906年就在大连成立了南满洲铁道株式会社，从1906年到1945年，这个日本经济兼政治文化侵略的总机关，像一条盘踞在东北土地上的巨蛇，贪婪地从中国东北掠夺大豆、煤炭、木材等宝贵资源。仅1930年一年，就运出煤炭671万吨，大豆300万吨。这些物资通过铁路运到大连码头，再源源不断运往日本。

【采访】大连民族学院历史学教授 关捷

经济上主要是掠夺，所以他们后来加强大连港的建设。修铁路目的是什么，就是要把东北腹地的矿产、农产品，源源不断地运到日本去。

就在这个时期，几十家涉及造船、机械加工、纺织等领域的工厂在大连陆续建成并投入生产，形成了一个以制造业和石化加工业为主的工业体系。那时，大连船渠会社、大连机械制造所、沙河口铁道工场、金州内外棉工厂等企业，成为日本实施“大陆政策”的关键性产业部门。

【采访1】中国社会科学院近代史研究所副所长 虞和平

他要掠夺这个地方的资源，就得把这个资源开发出来，他不开发，怎么掠夺呢？他要开发就要去建厂、办矿，就要办铁路、建港口，不然的话资源也开发不出来，开发出来也运不走，赚了钱也汇不走，所以他还要办银行。所以他是从掠夺中国资源，在这个地方生存下去这个本身目的出发的。

【采访 2】中国经济史学会近代史专业委员会

副会长 陈争平

历史发展是连续的，日本人当年不光要侵略全中国，他还有更大的侵略野心，他要把这个地方作为军事工业基地来建设。但是失败以后，客观上这些确实也是给东北地区包括大连地区工业发展提供了一定的基础。

就在这个处于日本疯狂殖民统治下的大连地区，活跃着一支肩负特殊使命的国际特工队伍。他们在敌人的工厂、仓库、码头里神出鬼没，埋下了一个个火种。一时间，火光四起，日本侵略者的大量军用物资灰飞烟灭。据日军档案记载，1938 年 4 月的“满石”大火，是抗日放火团给予日军最为沉重的打击。当时的日文报纸《大连日日新闻》对这场大火作了报道：“10 日晚 10 时，从大连市甘井子油厂空地上堆积的石油桶发火，火势极凶、黑烟弥漫，大连湾上空呈现一片凶恶光景。”大火足足烧了 16 个小时，6 万桶石油和大量化工原料付之一炬，日军损失达 700 万日元之巨。

从 1935 年到 1940 年，这支秘密抗日队伍在大连共实施放火 57 次，给日军造成的损失总计达 3000 万日元，相当于日本关东军两个师团一年的军费开支。这是抗日战争史上的一场特殊战斗。

作为放火团的骨干成员，包玉侠的丈夫邹立升被捕后遭到了敌人严酷的刑讯逼供，十根手指全部被铁筷子夹断，手上的皮肤也被剥掉，但仍然坚贞不屈。他曾用盐偷偷把监室的铁栏腐蚀，逃出监牢，却不幸再次被日本人抓获。

【采访 1】旅顺日俄监狱博物馆副馆长 王珍仁

在重新被捕的时候，面对日本人的询问，日本人问他：“你还跑不跑了？”他说：“抓不住我还跑。”日本军警听后恼羞成怒，用枪托子把他膝盖骨打碎了，最后是用筐把他抬到旅顺监狱进行关押。

【采访 2】抗日放火团交通员 包玉侠

末了都判罪了，都叫起来，法官在那坐着，咱在那站着。他（邹立升）在前面，我在后面，他回过头来说我，我判七年，他对我说：“快啊，七年。回家去和孩子好好过吧！注意身体。”他说时就这么挡着嘴，我在他后面站着，他一回头说那两句话，(后来我们)再没见。

在最黑暗的日子里，就是这样一些敢于牺牲自我的勇士，燃起了大连人民心中的复仇之火。在日军庆祝占领南京的表功会上，义士查子香斧劈日本在乡军人会会长，为中国人雪耻。1923 年 10 月，皮口百姓不堪日本殖民者的野蛮掠夺和滥施暴虐，在爱国志士唐子明带领下展开武装抗暴斗争。在瓦房店和庄河北部山区，农民组织起大刀会，击毙日军大佐森秀树。大连土地上，抗日烽烟四起。

【采访】大连民族学院历史学教授 关捷

他们开始是自发的斗争，逐渐走向有组织有计划的斗争，甚至走向武装斗争。

1920 年，金州三十里堡农民开展反对日本人占用土地的斗争。同年 5 月，沙河口铁道工场 2000 多名中日工人联合举行大罢工。1923 年，大连工人学生上街张贴标语，要求按期收回旅大。1926 年春，在中国共产党的领导下，大连又爆发了震惊中外的“福纺”工人“四二七”大罢工，经过 100 天的艰苦斗争，终于迫使殖民当局屈服，取得了重大胜利！

那个时候，由李立三作词、安娥谱曲的《工人团结歌》响彻大连街头，大连的广大工人迸发出高昂的爱国热情，在日本当局自吹的“无风地带”里，掀起了滔天巨浪。

(六)

1945 年 8 月 22 日，苏联红军进驻旅大，结束了日本 40 年的殖民统治。共产党人在这里实质是建立了属于人民的政权，笼罩在城市上空长达近半个世纪的阴霾终被强风驱散，获得新生的人民以饱满的激情投身到全民族的解放事业当中。大连人民在反抗侵略和压迫中锻造出的不屈气节和英雄气概，再次演化成不怕牺牲、勇于奉献、敢于担当的深厚精神积淀。

【采访】大连市艺术研究所研究员 马鸣捷

粟裕大将说过一句话，淮海战役的胜利多亏了山东人民的独轮车(小推车)支前和大连的大炮弹。大炮弹就是当时的建新公司，我们现在叫五二三厂的工人生产出来的。不仅仅是大炮弹，比如说大连机车厂当时叫铁路工厂，生产的机车；大连造船厂当年叫船渠，生产的轮船；大连妇女生产的军服军鞋；现在的电机厂生产的发报机，为解放战争做出的贡献是巨大的。

最先翻身的人民踊跃参军，五万大连子弟先后拿起了钢枪。在瓦房店地区，先后走出了谷善庆、于永波、徐才厚等30多名共和国将军，成为中国东北罕见的“将军县”。

【采访】军事地理专家 郭东升

大连地区经过多次战争，从中培育了一种不屈不挠的抗争精神，建设国防保卫国防，因为他们深深地懂得我们当年为什么经历那么长时间的屈辱历史。只有国家强盛，我们大连地区才能强盛；国家发展，大连地区才能发展。

1950年，当朝鲜战场的战火严重威胁到祖国安危的时候，大连地区的人民又纷纷行动起来。捐赠飞机大炮、完成战勤任务，纳军鞋、做军装，为了保家卫国，又有数万名大连优秀儿女加入到中国人民志愿军的行列。

1950年10月，大连市委机关干部冷长海奔赴朝鲜战场，担任志愿军总后勤部兵站二分部某粮库副主任，为了保护军用物资，冷长海不顾个人安危，常常冒着敌机扫射的危险冲入火海，两次荣立三等功。1953年8月22日，冷长海在一次抢险中不幸牺牲。

【采访】冷长海的女儿 冷英学

当时那天就是天昏地暗，回到家里，看一屋子人。我父亲三个月都没来信了，我就知道事不好，看到他们以后，我就开始号啕大哭。我妈一边含眼泪，一边给我擦眼泪。我奶奶天天到河边望儿子，两只眼睛都哭瞎了，她最疼我爸爸，因为我爸爸最孝顺。(哽咽)

这是当年参加抗美援朝战争的战士们最喜欢的歌

曲，每当听到这样的旋律，老兵们都会想起那些倒在自己身边的战友，那些为保卫新中国付出鲜血甚至生命的英雄！

据不完全统计，为抗美援朝战争的胜利，有近千名大连人民的英雄儿女像冷长海一样牺牲在了朝鲜的土地上。

抗美援朝战争结束之后，中国人民志愿军第三兵团奉中央军委命令，从朝鲜东海岸回国，接管苏军在旅大地区的防务。随后中央军委陆续调空军、海军和公安部队进驻大连，组建海军旅顺口基地。大连，这座半个多世纪以来没有驻扎过自己国家军队的城市，一下子成为驻军数量最多、兵种最齐全的海防重镇。

为了应对潜在的入侵登陆威胁，1955 年，大连海陆空驻军组织了一次规模空前的辽东半岛反登陆军事大演习，包括周恩来、朱德、刘少奇、彭德怀、叶剑英和陈赓在内的多位党政军高级领导人都来到现场观摩。

【采访】原旅大警备区司令员 张德庆

中央为什么要在辽东半岛组织反登陆军事演习？当时毛主席指着地图，看着辽东半岛讲，将来敌人要入侵我国必然要走八国联军的老路，要从海上来。从哪来呢？走八国联军的老路，通过渤海海峡，直取天津北京。所以这里叫京津门户，渤海咽喉。

上个世纪 60 年代，梦想反攻大陆的蒋介石当局派出当时最先进的低空侦察机，对辽东沿海进行侦察骚扰。1961 年 11 月 6 日晚上，我辽东部队万炮齐发，在普兰店城子坦将有“黑蝙蝠”之称的 P2V 侦察机击落。

【采访】原旅大警备区司令员 张德庆

全部探照灯一起打开，一下就把它照晕了，然后几十门高炮一起开火。

此后的和平年代里，大连人民依然保持着拥军尚武的传统。安业民岸炮连、黄海第一哨、“三八女炮班”，一个个英雄的名字、一支支功勋部队、一队队训练有素的民兵、一座多次被授予拥军模范的城市，共同筑起黄海前哨的巍峨长城。

朝宗万派瀛寰水，此是神京第一关。背靠幅员辽阔的华夏大地，面朝波涛汹涌的浩瀚大洋，千百年来，我们脚下的这片海岸像一排威武不屈的勇士始终挺立在神州万里河山的最前沿。这是一片饱受磨难的土地，也是一片英雄辈出的土地。纵有惊涛拍岸，难敌壮士勇立潮头；几度沉浮却几度托举新的崛起。这，就是历史沧桑留给我们这片土地的无尽神韵。今天，和煦的海风吹拂着我们美丽的家园，蜿蜒的镇东关长城、昂首的北洋岸炮静静地矗立在晴朗的阳光下，在他们眼前，一艘艘巨轮正从这片蓬勃的海岸驶向大洋深处：有形的关挺立在海岸之上，无形的关则伫立在人们心里，这片海岸正以崛起的雄心雕刻着“此是神京第一关”的伟岸身姿。

第三集　山海割不断的血脉(上)

(一)

农历六月初一,俗称“小年下”,或者“半年节”。这是关内汉人的传统农耕节日,意思是夏收夏种已基本结束,第一茬作物丰收入仓,须敬天祭祖,感恩祈福。

【采访】旅顺刁家村村民 刁成良

打的麦子磨成面,蒸的馒头,包的饺子,给祖宗尝尝鲜。

这个老铁山下的小村庄,因为特有的山间气候,成为大连春季花开最早的地方。村里大多都是刁姓人家,故得名刁家村。在这里的老辈人当中,至今还保留着山东老家的风俗。

【采访】旅顺刁家村村民 刁成翔

小麦现在我们已经不种了,我们都改种樱桃树了,但是老家的习惯,我们没有丢。

据东汉学者应劭所著的《风俗通》记载:“刁姓为齐大夫童刁之后。齐人,以富闻。子孙居渤海。”刁家祖先在明洪武九年,也就是公元1376年,从山东栖霞县来此落户,这棵树龄达到650年的古树据说就是刁家先辈所栽。今天,古树枝蔓分延,树下的刁家人开山垦田,世代繁衍,如今也像古树一样根深叶茂。

刁家村位于老铁山下,老铁山面朝着的是大海。没有人能说得清这座位于辽东半岛最南端的山峰以这样的姿态在这里守望了多少年。他就像是一个饱经沧桑的老人深情地回望着自己的来路。这条路既漂浮在大海之上,也蜿蜒在群山之间。这是一条波涛汹涌的路、充满荆棘的路,也是一条探求幸福的路,更是一条在山海之间回荡着无尽人间豪情的传奇的路。通过这条路世世代代奔涌而来的人们,最终创造了我们脚下这片土地上的传奇。

（二）

从地图上看，渤海海峡上的这一串像珍珠撒落一样的小岛，彼此间的距离并不遥远，这是庙岛群岛。事实上，山东与辽东之间的古人，就是通过庙岛群岛举目可及的一站站传递，进行相互的交往与沟通。

【采访】辽宁师范大学历史文化旅游学院教授

谢景芳

大连地区是中国内陆文化和边塞文化不断交融的一个典型地区，也是中国农耕文化和游牧文化、海洋文化和内陆文化不断融汇和创新的一个地带。正是这些过程使得中原文化、中原人口经常连续不断地把这作为首选的登陆地点。也正是这种不断地融汇，使得大连地区的文化有多元融合兼收并蓄的特征。

到了公元前 140 年，汉武帝刘彻的战船，也是沿着庙岛群岛的古航线来到了大连旅顺老铁山下，那时，离老铁山不远的牧羊城已经矗立在一片丘陵之上。

牧羊城始建于战国后期，南北长约 130 米，东西宽 82 米，据考古学者根据出土文物研究发现，早在青铜时代，就有从外地迁移而来的古人在此居住，而从汉武帝时期开始，随着旅顺口成为黄渤海地区的驿港，从山东、河北等地迁来辽东半岛南部地区从事垦拓的汉人越来越多。大连的史学界上把这次人口迁徙称为拓荒移民，它对生产力发展是一次巨大的推动，我们今天仍能从一座座汉墓中看到那时大连地区的繁华与绚烂。

【采访】辽宁师范大学历史文化旅游学院教授

谢景芳

汉武帝实施了一些优惠的移民政策，凡是移民到这一地区来的，减轻赋役和劳役。这些地方今天有大量的汉代遗址墓葬的发掘，我们在张店遗址中已经发现的一些汉代的名器，比如说陶土灶台，今天广大农村中灶台的形式和那时几乎是完全一样，除了这些还有风俗礼仪，甚至语言都一直传承到今天。所以文化的脉络是始终不断的一个过程，文化的传承是顽强的。

刀光剑影中，历史再一次划下新的分割线。300 年后，司马懿的大军击败了一度割据辽东的公孙氏政权，躲避战乱的先人无奈远行，从此与故土天各一方。

【采访】大连市史志办研究员 王万涛

魏吴争夺辽东的结果，由于居民都跑散了，另外一部分被吴国劫持南下，县实际上就不存在了，这部分老百姓逃亡到山东以后，(山东)当时属魏国管，就在淄博这个地方新辟了一个地盘，建了个县城，取名为新沓县，安置辽东流民。

战火中，牧羊城也逐渐荒废，只剩下几段破败的城墙，向那远去的帆影，无言地守望。

山东省淄博市淄川区是《聊斋志异》作者蒲松龄的故乡，如今的蒲松龄故居，是一座恬静的院落。门前几株古槐，荫翳天日。游客纷至沓来，凭吊古墓，寻访柳泉。在《淄川区志》中，我们看到了这样的记载。

【采访】山东省淄博市淄川区史志办 高绪强

公元 238 年，魏景初二年沓县流民由辽东渡海归来，置新沓县。新沓县就在我们今天淄川区罗村镇的西南。

新沓县就是现在淄川区罗村镇的前身，当年，战乱中的先人们最终在这儿落脚，此后只有小部分返回了原籍。而留在新沓县的移民，随着时间的流逝，已经成为土生土长的山东人。

又过了 700 年，到公元 926 年，辽灭渤海后，朝廷将女真人中的强宗大户强迁辽南，其中，吉林农安扶余城的居民迁到了今天的瓦房店地区，建立了扶州城；原渤海南苏城的居民迁至金州一带，建苏州。辽朝中期，统治者曾数次对西夏发动战争。公元 1051 年，辽俘获西夏皇后及大批庶民百姓，并将他们押至镇东关以北地区，也就是今甘井子区大连湾镇、毛茔子一带定居，这批居民不忘故国，后代遂改姓夏氏。据推算，辽代向今大连地区移民总数当在 10 万人左右。这次移民被称为建制移民，辽东半岛南部地区又迎来了一个人烟相对密集的时期。

【采访】辽宁师范大学历史文化旅游学院教授 谢景芳

元明时期的移民特点主要是以军屯为主的，元世祖忽必烈时期曾经四次大规模地将他的军户移向金州、复州这一带，大约有15万人左右，他们都以各自的军队编制占据一定的地域，定居农耕，正是他们这些人分布在今天的登沙河、大沙河一带的垦殖活动，就造成了今天我们这个地区原始农业最初的基础。

元末明初，朝廷对辽东继续施行屯田政策，移民总人口约达20万人，于是，这次带有典型屯田目的的移民被称为屯田移民。这些移民来自四面八方，操着不同的口音，有着各自的风俗，在辽东这块御海临风的土地上，他们彼此包容，相互学习，很快就形成了相对统一的价值观念，孕育了共同开拓新家园的文化根脉。

（三）

这座横亘在山海之间的隘口，名叫山海关，它始建于公元1381年，600多年以来，这座高大的城门和坚固的城防工事，一直向人们证明着它的显赫地位。山海关东起渤海湾的老龙头，西接燕山山脉，它就像一把大锁，挂在华北通往东北的咽喉要道上。按照山海关的走向，人们习惯地把山海关西南叫做关内，东北则称作关外，也就是人们常说的关东。

【采访】复旦大学历史系教授 葛剑雄

我们这个国家移民是很多。应该讲每一种移民对当地都是起了决定性的作用。从这个意义上来讲，闯关东是中国近代好多次移民潮中一次影响比较大的、人数比较多的。但对东北的那些移民城市来讲，它起的作用是决定性的。

葛剑雄，中国历史地理和移民史领域的权威专家。他认为，当今中国的发展，离不开移民；列举中国的移民城市，绕不过大连；要说大连的移民历史，首推闯关东。在他看来，闯关东的时间跨度应从350多年前《辽东招民开垦则例》颁布算起。

【采访】复旦大学历史系教授 葛剑雄

它风险很大，因为在一方面是大片的无主的荒地，还没开发；另一方面这个条件很艰苦，如果那一年寒潮来得早一些，有的就回都回不来了。这样流传下来，闯关东以后就成了一个关内的人迁到东北的代名词。从这时候就叫闯关东，就是这么来的。

350年前的清朝初年，山西太原府张化营的李大荣、李大贵两兄弟，听到朝廷在关东以优厚条件招民垦荒的消息，就结伴通过山海关，到东北谋生。李家兄弟一路走到今天的庄河市蓉花山镇五道沟，才停了下来，两人觉得，这里是一块风水宝地：东西两山耸立，中间凹下，就像一个巨大的元宝，李家兄弟决定不走了，就在这安家。

【采访】大连水产学院退休副教授 山西李家后人 李慧彧

据说祖籍这个地方原名叫那家泡子，最初有一个姓那的满族人住在那个地方，周围有一个荷花泡子，我们祖先看这个地方风水比较好，认为能够发家，所以就把这个泡子填上了，就盖上简易的房子定居下来了。

李家兄弟在此安家落户，种庄稼，开豆坊，凭着山西人的勤俭和精明，竟在几十年后成为辽南声名显赫的大户，那是一段随着辽东地区近代发展史而共同演绎的传奇故事。但在这个故事的开头，广袤的辽东还是人烟罕至，明末满族八旗铁骑与明军的反复厮杀，使辽东一带十室九空，土地大片荒芜。

【采访】大连市史志办研究员 王万涛

中国人有句话叫故土难离，但是也没有更多的人(回)来，土地荒芜，野兽横行，要重新开拓，谈何容易啊！

战争的结果，是八旗铁骑经山海关南下，狂飙般地席卷了中原大地，最终摧毁了大明朝的统治，建立起中国最后一个封建王朝：大清帝国。新王朝建立后不久，就连续颁布了几道法令，用优厚的政策鼓励关内的汉族人，到关东去垦荒种地。据《盛京通志》记载，顺治十年定例，辽东招民开垦，有招至百名者，文授知县，武授守备。对招来的移民，全部编入旗籍，计民授田，发给耕牛和种子。同时分拨京城八旗兵员和长白山八旗居民来大连地区戍边、垦殖，对他们的政策更为优厚，可以跑马圈地，成为私产。而非八旗移民主要来自鲁、苏、闽、浙诸省。至乾隆四十六年，也就是1781年，复州移民达8万人，金州以南地区移民达3.7万人，整个大连地区移民人口达11.7万人。

【采访】中国社会科学院研究生院历史系教授 商传

辽东地区是他（清朝）发家的地方，他不能扔。但是辽东艰苦，那么一个艰苦的地方，虽然富庶，可是他们入关以后，有更好的地方，那个地方反而慢慢地放弃了。什么人去做？关内的人。

从1653年《辽东招民开垦则例》颁布，到1667年这14年间，东北大地上的人口激增，这个时期，是今天人们习惯上统称为“闯关东”的第一个阶段，在这些人当中，有人像李家兄弟那样，很快有了自己的土地，凭着相对先进的生产技术在肥沃的黑土地扎住了脚；还有的人没有停留，而是一头扎进了人烟罕至的大山。

对于成功的渴望淹没了那些不可预知的危险，在一个刚刚被重新发现的“新大陆”面前，谁能付出更多，抢到先机，谁就会变得富有和强大。在新的游戏规则里，包括大连在内的整个东北地区，迎来了一个极具决定性意义的移民大潮。

（四）

正当山西李家兄弟在离老家千里的关东土地上开始置办家业的时候，山东登州府的周德新、周德纯两兄弟，逃离了破碎的家园，在他们的眼里，关东那片广袤的黑土地，简直就是他们全部的希望。

【采访】辽宁省社会科学院研究员 张士尊

山东这个时期的人口增长速度很快，人口基数非常大，人均土地面积很少。另一个原因就是山东的自然灾害，从康熙中期开始，自然灾害相当严重，到乾隆时期，自然灾害几乎一个接一个。

乾隆十八年（公元1753年），山东省人均占有土地7.76亩，但仅仅过了13年，山东省人均占有土地就下降到了3.86亩。这对于一个以农业为国家根本的封建社会来说，人口的快速增长，给土地带来了沉重的负担。所以，一遇灾荒，顺民就变成了难民，难民又变成了流民。

【采访】山东省社会科学院研究员 路遇

一百单八县，一旱就是七八十个县，有的就是八十多个县，百姓颗粒无收，没有吃的，只能逃荒。所以说下关东的时候，也叫挑筐担担推小车，推着小车下关东，就是逃荒往那走。

可这个时候，山海关的大门已经关上了。

【采访】辽宁师范大学历史文化旅游学院教授

谢景芳

满族人兴起于东北，兴起于东北以后，他对东北非常重视，因为这是家乡，龙兴之地。但是康熙中期，他发现一个问题，汉民出关势必就意味着东北地区的农业大规模开发，和满族人的保护生态环境、锻炼八旗兵行围习武的初衷有点违背，后来就把住山海关，就是全面地实行了东北的封禁。结果大量的灾民聚集在山海关内，甚至成千上万，只能强行用军队来遣散，所以大面积的灾民通过海上坐船来到辽东地区就已经成了一个必然的选择。

在烟台海边，周德新、周德纯两兄弟说服了船老大，乘一叶小舟偷偷地出海了，汹涌的海浪，凶猛的海风，是大自然给他们闯关东之旅设下的第一道难关。根据有关资料显示，自清朝入关起，有不少乘船"闯关东"的人，由于海风的变化，漂流到了朝鲜、日本等地；至于覆舟于海上者，更是难以计数。周家兄弟无疑是幸运的，九天九夜之后，他们在旅顺口靠岸了。饥寒交迫的两兄弟已无力继续北上，便在一个名叫夏家村的地方落了脚。

【采访】旅顺双岛湾街道周家崴子村村民 周纯官

我们的祖先周德新和周德纯在1715年坐着打鱼船第一次登上大连的土地，在夏家村落上脚了，到现在繁衍了十三四代人，大约是将近300年了。

从1668年到1860年，帝国的封禁政策并没有挡住山东人的求生信念，越来越多像周氏兄弟这样活不下去的山东人从海路进入关内，大连成为闯关东的第一站，也就是在这个时期，大连地区的人口开始加速增长。这个时期，被称为"闯关东"的第二阶段。

【采访】复旦大学历史系教授 葛剑雄

实际上就是从清朝初年开始基本上就没断过，而且有很多人是以大连这一带为过渡的，在那里以后继续往北迁。他从山东过来到这一带，因为这一带已经有了开发了，所以他继续往北迁，其中一些人就留了下来。

鸦片战争后，清政府对边疆控制日益削弱，沙俄不断侵蚀黑龙江边境，清政府采纳了黑龙江将军特普钦建议，于咸丰十年，也就是1860年，对关东正式开禁放垦。现代的史学界把1860年到1945年的这个时期，称为“闯关东”的第三个阶段。

【采访】电视剧《闯关东》编剧 高满堂

天灾人祸战乱，无法生存。我爷爷他们就开始闯关东，到关东以后等生活好一点，我的父亲、我的叔叔又跟着过来。

在位于桃源街附近的一座古朴小楼里，我们见到了高满堂和孙建业，两位剧作家其实也都是山东人的后代。

【采访1】电视剧《闯关东》编剧 孙建业

最早我们老家不在栖霞县，在山东张家泥都。那家人都不在了，那一支人都没有了，后来在栖霞县有个唐家陂，是个镇，我爷爷和太爷都在这里落过脚。

【采访2】电视剧《闯关东》编剧 高满堂

这些故事从小听着长大，就像融入在血液里，所以你的记忆里、你的梦境里都是闯关东的故事，所以说当你要决定做《闯关东》的时候，一下子勾起你很多很兴奋的东西，很自然的东西，血液里给你带来的东西。写起来比较有激情，有感情。

电视剧《闯关东》的故事是从1904年讲起的，这也是历史上大连地区人口增长最快的时期之一，包括高满堂和孙建业的曾祖在内，现今很多大连人家的前辈，都是在这个时期渡过渤海海峡，来到大连的。

（五）

长隆德庄园，始建于1860年，占地约70亩，房屋220间。走进庄园，青砖碧瓦，飞檐斗拱，一派古香古色，是典型的辽南地区建筑风格，1993 年被大连市人民政府正式列为重点文物保护单位。

清朝初年从山西来到辽东的李大荣、李大贵两兄弟，继承了祖先晋商的血脉，在今天的庄河市蓉花山镇，不仅开掘了上千垧的沃野良田，更经营起布匹绸缎的生意。家族日益发达，便建起了这座在当时堪称奢华的庄园。

【采访】庄河市蓉花山镇五道沟村村民 薛殿家

你看不管是这个门楼，还是花园，二道墙全有。这四趟都是炮台，那时候 30 多个炮手，炮手干什么，就拿着枪，那时候兴养活枪，拿着枪维护人家，那阵有胡子来抢都进不来，抢不了，最好的时候吃四千担租，一担是四百五十斤，四千担租你看看，你算算得有多少斤。

生意最兴旺的时候，李家在东北开到 60 多个商号，当家掌柜春天赶着马车出去收租，一圈走回来，都快过年了。

【采访】大连水产学院退休副教授 山西李家后人 李惠彧

大体上像盖县、营口、辽阳、沈阳、丹东这一带吧。家里有布匹，长辈都会叫名，什么玉毛绫、焦眼罗、软缎、羽缎、府绸、胡绸。

李家后人李惠彧告诉我们，在这片风光秀丽的蓉花山下，随着李家兄弟家业的发展，慢慢地生聚日集，很多来自山东的移民也来到这里，在李家附近，出现了一些打着“仁和”、“永源”这样字号的商户，这些来自山东的商户和山西李家不断交往，浓厚的儒家气息也在无形中影响着山西李家。

【采访 1】大连水产学院退休副教授 山西李家后人 李惠彧

咱们从几个不同时代的一些名字可以看出些变化，最早老人的名字叫“大荣、大贵、大明”；后来三个庄园的名字分别叫“长隆功、长隆德、长隆义”；再到后来我父亲这代哥三个名字里头分别有“家、国、兴”。

【采访 2】辽宁师范大学历史文化旅游学院教授 谢景芳

这个主要是前期文化的融合和后来融合的复杂性造

成的。在清代对东北连续开发的过程开始以后，以今天的山东、河南和河北的内地居民为主，到清朝末年的时候，咱们大连地区的人口大约已经达到了85万以上。正是这些不同地域、不同民族、不同文化的居民先后移入，就造成了这个地区文化的多元融合特点，所以在他们的日常生活中，把各自带来的特殊文化不断地掺杂融汇就形成了互相包容、和平和睦共存的现象。

而在今天的旅顺双岛湾，一个名叫周家崴子的村庄，全村两千多人当中，绝大多数都是周姓，都是山东登州府周德新、周德纯两兄弟的后人。

【采访】旅顺双岛湾街道周家崴子村村民 周纯官

现在都干个体了，都开工厂了，就比如像我家，我从事打眼爆破(工程)，还雇了十多个人，咱们现在和老祖宗比已经腰包鼓鼓的了。

1715年，应该算作周家人新的纪元，从山东登州府幸运漂到大连的周德新、周德纯兄弟在旅顺夏家村开始了新的生活。娶妻生子，男耕女织，到老含饴弄孙，如果按照这样的生活轨迹，也许周家兄弟的闯关东之路过于平淡，现在的周家崴子村更无从谈起。1776年，周家冒险开拓的血脉在孙子周成文身上被再次激活，成就了周氏家族的强势推进。

【采访】旅顺双岛湾街道周家崴子村村民 周纯官

据我的考证，周成文是在1776年，当时领着老婆，甚至还有一个小不点(孩子)，挑着筐来到周家崴子村，那个时候周家崴子村根本就没有人，就有一家姓蔡的，周成文有五个孩子，长大之后就形成了周氏家族，就是周家崴子最早形成的样子。

这是一张写于嘉庆十四年(公元1809年)的分家单，上面写道："周成文，因家口甚多，居住不便，情愿各人分居，嘉庆十四年十月廿二日"。周成文仅用了短短二百多字，就把一个大家族分开了，周家的五个儿子也因此成为周家崴子的第一批村民。也就是这次分家，才有了后来周家崴子村的人丁兴旺。而在大连地区的历史上，这样一个个山东移民家族的分分合合，开拓了一片又一片原本荒芜的处女地，也让中国的传统文化一代代血脉相承。

【采访】电视剧《闯关东》编剧 高满堂

这三百年间，两千万人闯关东，把中原文化和当地的文化有机地结合在一起，形成一种新的文化概念，在这一点上我觉得贡献最大，这么博大的关东土地，敞开了胸怀，把中原文化吸收进来。

穿行在今天大连地区的田野乡间，尽收眼帘的是四处的谷稻禾田。我们可以轻易地寻觅到很多像周家崴子这样以姓氏命名的村庄：大魏家、大李家、韩家村、张家村……每一个村庄的背后，应该都有一段艰难曲折的传奇故事。而从远古时期开始的一代代移民，他们像海浪一样扑上这片美丽的海岸，用连绵不绝的力量冲刷着古老的岩石，留下了一道道深深的印痕，也夯筑起今天我们美丽的家园。

1971 年，周家崴子村迁移坟地，年轻的周纯官忽然有了一种担忧："把我们老周家的坟茔拆了，子孙们今后到哪里找祖宗呢?"从那时开始，周纯官三次踏上山东地界，寻找有周姓的村庄，最终锁定清朝时登州府所辖的蓬莱门楼村地界。那是 1989 年，在门楼村，周纯官遇到了和他同姓的周克玉。

【采访】山东蓬莱门楼村村民 周克玉

我们村的大连帮，闯大连的最多，其次沈阳帮的多，还有长春帮、承德帮的，据我初步统计，我们村已经全家逃荒闯关东的 50 多户，那时候我们村才 300 户人家。

在周克玉手中一本泛黄的家谱上一行清晰的字迹让他激动万分："康熙五十四年，周德纯、周德新兄弟，渡海北上，定居旅顺双岛夏家村。"

【采访 1】山东蓬莱门楼村村民 周克玉

在我这个家谱上，找到周德新、周德纯这两个名字，这就证明了他那边的老祖宗，就是我们家门里的叔弟叔兄俩人，三百多年了，家乡不了解这俩人在哪里，他找到了他老祖宗的所在地、老家乡，高兴得不得了。

【采访 2】旅顺双岛湾街道周家崴子村村民 周纯官

我们已经找到了我们的根，找到了我们的老祖宗，找

到了家，所以说我不认为我是真正的“海南丢”，我现在已经知道我家在哪了，我没有丢。

周家的人没有丢。其实这片土地上的人们都没有丢。因为他们像祖先一样的勤劳，一样的智慧，一样的坚忍不拔，一样的威武不屈。在这片命运多舛的土地上，他们不但传承了祖先的血脉，还在开疆拓土的征途上，以更顽强的斗志、更广阔的胸襟、更开放的视野创造了一个更加美丽的新家园。伴随着侵略者的枪炮声，另一对周氏兄弟将走进我们的视野，那又是一段什么样的传奇故事，不断奔涌而来的一代又一代创业者们，最终赋予了这片土地怎样的魂魄，塑造了这座城市什么样的品格呢？

第四集 山海割不断的血脉(下)

(一)

天色黑下来的时候,海边就会亮起点点烛光,一只只微型灯船轻轻地飘入大海,海面上好像撒下了无数颗金黄色的星星。这时岸上会响起鞭炮和唢呐的声音,璀璨的焰火漫天绽放。

这是农历正月十三,据说是海神娘娘的生日,按照祖辈传下来的规矩,在这天大连沿海渔民们都要到海边放海灯。

【采访1】渔民

就是要预祝新一年风平浪静,吉星高照,还有个好收成!

【采访2】渔民

放海灯古时候就有,俺家老太爷说,最少已经传了两三百年了。

大连地区渔民敬奉的海神娘娘,其实就是"妈祖"。"妈祖"的原型名叫林默,是五代十国时期福建莆田沿海地区的人物,因救助海难而献身,死后人们立祠祭祀,从此开始了对"妈祖"的崇拜信仰。从元朝到清朝,我国沿海地区先后修建了很多海神庙,在大连黄渤海之滨,凡是人口居住比较集中的城邑,也都有这样的庙宇,名称大抵叫天后宫、娘娘庙或者是天妃庙。

【采访】大连市史志办研究员 王万涛

最迟在明代就有了天后宫,比如旅顺的就比较早。大连地区,天后宫的分布主要在一些靠海的集镇,庄河天后宫、复州天后宫、旅顺、金州、小平岛,分布面广,凡是沿海集镇地方都有。金州天后宫在清代属于规模最大(的天后宫),建于乾隆五年(公元1740年)。金州天后宫就是山东的船帮集资兴建的祭祀海神娘娘的庙宇,但是它还兼有山东船商集会、仓储的功能。

没有人会知道，原本萌生于中国南部沿海的海神崇拜，是如何逐渐被大连地区的人们所接受。但也正是这些原本萌生于外地、扎根于乡野的民间风俗，勾勒出今天大连市民文化的原始风貌。

【采访】大连市史志办研究员 王万涛

民间习俗实际上也是一种文化现象，随着人群的移动，习俗必然要由原先的地方带到新的地方。比如大连地区从汉代开始移民，中原的文化随着移民一并带到大连地区，一些中华民族传统的习俗，春节、元宵、清明、端午，这样的重要节日在古代就有比较详细的历史记载。

这些习俗与我们祖先的血脉相依，在来自天南海北的人群中传播、融合、变化，成为一个地方百姓们的普遍文化认同，成为生活的一部分。在这共同的文化土壤上，一代代移民用血汗筑起了我们今天的城市，于是这座城市就像孩子一样慢慢成长，逐渐有了自己的性情，不管风吹雨打，哪怕惊涛骇浪！

（二）

1876年，清朝光绪皇帝登基第二年，一场突如其来的大旱席卷山东、直隶、河南等省，形成了前所未有的广阔旱区。旱灾引发蝗灾，蝗灾之后又瘟疫横行，中原大地人口锐减，满目疮痍。到了灾难的后期，国库空虚的清政府竟然无力援助灾民，只能听之任之。

对于大清帝国来说，无论是内政还是外交，都从这一年开始急转直下。1876年2月，近邻日本逼迫当时的朝鲜政府签订了所谓的《朝日修好条约》，将朝鲜变成日本的半殖民地，大清帝国的东北边境受到严重威胁。面对日益逼近的战争阴影，清政府不得不在扩充北洋水师的同时，在山东半岛的威海卫以及辽东半岛的旅顺口和大连湾，修建陆上防御工事。

【采访】中共大连市委宣传部原副部长 董志正

在诸多港口考察之后，觉得大连和旅顺的位置正好处在两个半岛尖端上，中间距离很短，这样的话，对防护渤海，防护进军是十分有利的。所以才决定在这里投入大量的资金，建设海防，甚至包括大船坞的修建，成为北洋水师的根据地之一。

从此,旅顺口和大连湾的命运发生了重大转折。旅顺口的海面上,飘着龙旗的舰船往来不断;通往港口的山路上,出现了装饰讲究的车马冠盖。从山东、河南、河北等省招募来的工人多达万人,他们中的不少人在外籍工程师的指导下,逐渐学会了操作大型机器,使用先进工具;而从上海和天津聘用的数百名熟练工匠,成为修造船坞和炮台的第一批骨干力量。

【采访】大连工运史专家 刘功成

应该说这样一批大连最早的工程技术人员,为大连近代工业奠定基础做出了重大贡献。(例如)旅顺港口的修建,要建立拦潮大坝,在风浪中操作风险非常大,常常被卷入水中,有许多工人因为事故献出了生命,包括外地来的,水土不服,有十几个人牺牲了生命,但是姓名也没留下。

在大连地区的移民史上,这些工匠几乎是沧海一粟,但这一点点的微光,却照亮了大连地区进入大工业时代的航程,一个近代工业城市的雏形在他们的一锤一斧的劳作中逐渐形成了。

【采访】华东师范大学现代城市研究中心教授 林拓

从人口上讲,这样一些从事工程、技术的移民,来这里大概有近万人,如果再加上英德法相关的一些人员,大概有一万多人。这是什么概念呢?就是不亚于当时当地的人口,所以在旅顺这个地方,从一个渔村,一夜而成为一个城市。

1885 年,在军机大臣吴大澂和秦清的力主下,旅顺口架起了一条经凤凰城边门外到当时的朝鲜国都汉城的电报线路,这是中国最早的跨国电信设备之一。1888 年,随着始建于 1879 年中国北方最早的自来水设施“龙引泉”的完工,旅顺口的军民们喝上了自来水;1890 年 11 月 9 日,旅顺建成了船坞电灯厂,船坞内外亮起电灯。

【采访】旅顺博物馆研究员 王珍仁

旅顺沿“十字街”每天都有粮市、草市、牲畜市、菜市、杂货等,由于店铺林立,很快成为有一定规模、商贾云集的大型农村集镇。大批河北、山东和旅顺周边地区的农民脱离了土地，走出自给自足的自然经济的藩篱，成为资本主义生产方式下生活的城市居民。

这就是清朝末年大连地区的社会风貌。到中日甲午战争前夕，旅顺口已发展成为市井繁华、交通便利、常住人口达两万的近代化小城。而在不远的金州，据《大连通史》记载，当时共有商家300多户，金州城内就有164户，街头摊贩甚多，出售布匹，贩运猪、鸡、鱼、蛋、菜、果等的行商数以千计。

【采访】中国社会科学院近代史研究所副所长 虞和平

我认为，没有甲午战争、日俄战争，日本和沙俄的侵入，旅顺、大连这个地方随着后来整个对外贸易的发展，现代化也会发展起来，只不过可能会在速度上、规模上、产业结构上有所不同。

这个时期，在大洋彼岸的北美土地上，著名的西进运动已经进入中期，很多来自英法等国家的移民走进广袤的西部，一座座城市拔地而起，资本主义生产方式得到快速发展。如果旅顺口和大连也沿着这样的轨迹前行，也许整个中国的历史都会发生改变，但历史不容假设。1894年9月，黄海深处的隆隆炮声响彻天际，还陶醉在辽南和煦海风中的工匠们不得不直面战争的残酷。在日军登陆旅顺口的1894年11月21日这天，这些工匠们和他们辛辛苦苦建起的旅顺口一起，遭受了灭顶之灾。

（三）

在1894年那次惨绝人寰的旅顺大屠杀当中，有一对亲兄弟侥幸逃生，他们就是周文富和周文贵。

【采访】《大连晚报》特约记者 黄本仁

那时兄弟俩才十几岁，当时周文贵的大哥背着他们的妈妈，带着弟弟们，还有一些乡亲一起往外跑，躲避日本兵。尽管拼了命地逃跑，但是，日本兵还是追了上来，不知什么原因，他们竟然没有动手杀人，就这样，周家人得以幸免于难。

周家到旅顺口的历史，可以追溯到清嘉庆年间，他们的祖籍是山东登州府周家大疃，如今在甘井子区和普兰店市，都有周家同根同宗的分支。在闯关东的后裔当中，周文贵和周文富兄弟无疑是出色的。他们有着淳朴善良与坚忍不拔的性格，同时又在大连最早领悟了近代工业的文明先声，也许这就注定会成就一番不同常人的事业。

【采访】周文贵的曾孙 周利

这就是周家在旅顺的老宅，这个是周家的一个主体建筑，在它四周还有一个很大很大的院子，是建了80间民宅，所有房门都是朝外盖的，是供给贫苦老百姓免费居住的。

侥幸逃过1894年那次灾难之后，周文富被俄国人招去，成了旅顺大坞上的一个铁匠，弟弟周文贵则在旅顺以赶马车谋生。1894年的中日甲午战争，阻断了旅顺口自主步入近代工业文明社会的发展道路，却又使辽东半岛南部地区成为日本和沙俄两个列强争夺的宝地。那时的大连还不是一座城市，但已经有40多个自然形成的村庄，包括今天青泥洼、香炉礁、春柳等地，都是人口相对集中的地方。1898年3月，沙俄强迫清政府签订了《旅大租地条约》；1899年的9月，大连商港一期工程开始动工，几乎同时，城市规划和建设也迅速展开，野心勃勃的掠夺者要在这里建造一座新城。

【采访】大连市史志办研究员 王万涛

城市建设之初，他先把老百姓迁出去，之后规划三个功能区：行政区、商务区、中国人居住区。城市的建设者就是他从山东以及其他的一些地区招募来的工人，这些工人是大连真正的建设者，我们大连从诞生那天起就是由我们的工人阶级用血汗建设起来的。到了1902年，大连城市人口是4万人，基本构成是以中国人为主。

1904年，沙皇俄国的梦想还没有完全实现，日本人就打了回来，战败的俄国不得不暂时放弃了大连这座刚刚起步的城市。

日俄战争后，侵占旅大的日本人在原来的基础上，围绕他们的所谓“大东亚梦想”继续扩建城市。为了弥补大连本地劳力的不足，日本人又开始在中国灾害频发的山东等地，大批招募工人。

【采访】《大连晚报》特约记者 黄本仁

当时正好南方打仗，还有天灾、水灾、旱灾不断，很多工人失业、农民破产，所以不少人需要找活干，好活下去呀，日本人就利用这个，派汉奸工头用欺骗手段招募华工来大连。

在农村，工头们欺骗农民说："到大连给洋人干活，吃大米、白面、猪肉粉条，住洋楼，有戏院和澡堂，一天挣好几块钱。"对于因为连年战乱和饥荒，在老家活不下去的山东人来说，这样的条件具有极大的诱惑力。就这样，前后数十万山东人被诱骗到了大连。随着山东工人数量越来越多，日本人在今天寺儿沟南山上建起了一大片工人宿舍，正式名称叫"福昌华工株式会社常住华工收容所"，日本资本家又把它叫做"碧山庄"，但劳工们却称它为"红房子"。

也就在这个时候，周文贵和周文富兄弟从旅顺来到大连，在当时被称作小岗子，就是现在北京街的附近落了脚。小岗子是中国穷苦工人、店员和贫苦市民居住最集中的地方之一，两兄弟在这里开了一间铁匠铺，当地人称之为"周家炉"。

【采访】《大连掌故》作者 韩悦行

他们弟兄俩人好、活好、人的口碑好，所以他们铁匠铺的生意越做越大。

到1910年，周家炉已经不是一个简单的铁匠铺，而是相当全面的大型手工业作坊了，两兄弟把"周家炉"正式定名叫"顺兴铁工厂"，希望生意一直顺利兴隆。又过了三年，顺兴铁工厂已经成为旅大地区的三大铁工厂之一，与日本川崎造船厂和满铁沙河口铁道工场鼎足而立。这时全厂职工增至1300余人，可谓盛极一时。1912年，周文贵集资20万日元，又创建了哈尔滨振兴股份有限公司铁工厂，产业逐渐向东北腹地拓展。

【采访】旅顺博物馆副馆长 王若

现在所说的大连八大家，并不包括周家，但是周家才是真正的首富，东北首脑张作霖当时开办技工学校，毕业的学生到周家的企业实习，遍布全国，所以后来称周氏兄弟是"东北民族工业之父"是有原因的。

所谓的大连八大家，是指在解放前大连地区的八位华人富商；进入"八大家"行列的标准，是根据日本人规定的资产在200万日元以上的华人，这里面包括刘肇义、郭精义、张本正等八位华商。不过，他们发展产业的共同特点，大多是投靠日本人，以获取政策上的扶持，自然也就不会去得罪日本人，但周家兄弟不是这样。1916年，哈尔滨发起救国储金活动，在同乐戏院召开的市民大会上，周文贵当场用钢刀将自己左手无名指上节砍掉，血书"储金救国，勿忘国耻"八个字。又当场捐献3万多元，会场一时群情激昂。

【采访】《大连晚报》特约记者 黄本仁

他亲身经历过旅顺大屠杀，又亲眼看到日本人在大连对自己同胞的迫害，他能不恨吗？他是有山东人那股子热血和豪气的，他是爱国的。

这一举动奠定了他爱国民族资本家的形象，但也由此成为日本侵略者更加公开的敌人。

就在周家产业兴盛的时候，1914年至1925年间，旅顺十年间连续发生三次大灾荒，加上日本殖民当局横征暴敛、草菅人命，一时间路见饿殍、民不聊生。

【采访】《大连晚报》特约记者 黄本仁

他看到了当时旅顺发生自然灾害，他毫不犹豫拿出钱，到黑龙江、到吉林去买大批高粱玉米，包括小米粉。一共买多少呢？买上28个车皮，就是火车皮，从北面运到旅顺，运费相当高，他也不在乎。一到旅顺马上散发给旅顺的平民百姓，所以旅顺老百姓到现在为止，老一辈人都知道感谢周家的恩德，他们告诉下一辈子孙，永远不忘周家炉。

生活在水深火热中的旅大百姓永远记住了断指爱国的周家炉，也记住了赈灾爱民的周家炉。1918年，站稳脚跟的日本殖民当局开始加紧打压中国的民族工业，周家的顺兴铁工厂自然不能幸免。

【采访】《大连晚报》特约记者 黄本仁

周家炉被迫停产，日本人特别高兴，认为这下日本人封杀彻底成功，你周家炉肯定低头。日本人以为周家炉完了，周家炉可贵，就是不低头，就是为了维护民族正义，明知日本压迫我，我不低头。怎么办？干！继续干！就是化仇恨为力量。

1928年深秋，52岁的周家炉创始人周文贵，在乘船去往复州湾途中意外溺水遇难，近代东北工业之父爱国兴邦的梦想，从此埋葬在汹涌的波涛中。周文贵的离去，让企业经营变得混乱起来，哥哥周文富勉强维持了三年后，日本商人乘人之危，想以低价收购周家厂矿，周文富以民族大义为重，毅然决定将厂矿全部捐献给张学良主持的奉天政府。1931年，周文富抑郁而终，享年57岁。自此，由周氏兄弟周文贵和周文富创建的东北最大的民族企业——顺兴铁工厂，就像一叶小舟，淹没在了殖民统治的浊浪狂涛里。

【采访】旅顺博物馆副馆长 王若

周氏兄弟有着山东人特有的性格，他们勤奋而又充满智慧，为人仗义而乐善好施，在大连地区工业化的起步阶段，他们受到工业化的熏陶，不保守，敢于创业，勇于学习，终成大家，他们是大连民族企业家的代表。

这就是位于旅顺口区长春街上的周家老宅。经过世纪风雨的洗礼，老房子已经失去了当年的鼎盛华丽，只有周家为当地百姓修葺的这口水井，依然清漪粼粼、泽被苍生。

（四）

1932年，一位从前牧城驿来到大连上学的青年，穿过喧闹的小岗子。那时周家炉的主人已经不在了，工厂的厂房却并没有拆掉。这个青年从周家炉门前经过，前面就是喧闹的博爱市场。

【采访】中共中央党校原副校长 韩树英

有个露天市场，现在叫博爱市场、小岗子，说相声的、耍把戏的都集中在那里了。那就是像北京的天桥一样，柳琴戏调子都一样，都是山东人，就是分“此地巴子”和“海南丢”。海南丢就是后来的海南人，先到的海南人明清两代领地的都是此地人了。马子沟就是乱葬岗子，沙河口山下有一批乱葬岗,“海南丢活不到秋,死了就上马子沟。”就是这样的,所以瞧不起海南人(山东人)。

这个青年叫韩树英,是明朝末年从山东文登移民到大连的韩氏家族的第14代长孙,“文化大革命”后曾担任中共中央党校副校长,是我国著名的哲学家。由他编写的《通俗哲学》和《马克思主义纲要》两本书,作为马克思主义哲学研究的重要文献,一直被中国哲学界所推崇。而对于故乡大连旧时的人文掌故,这位如今已经88岁的老人可谓知之甚深。

【采访】中共中央党校原副校长 韩树英

大连市的人我说90%都是山东人,此地人和海南丢都是山东人,90%叫海南人,山东是海南。还有一部分人大概是10%叫海西人。什么叫海西?海西就是天津、河北、冀东。为什么大连变成这样一些人?大连本来都是山东人,但是城市生活这一套,海南人(山东人)不懂,在农村种地可以,城市里出点苦力可以,城市这些东西都不是山东人能干的,都是海西人、天津人或者冀东来的人做的。

年轻时的韩树英是个好学生。虽然家里穷,但为了能让他念好书,将来能改变全家族人的命运,韩家一直咬着牙给他筹集学费。1938年,因学习成绩优异,韩树英考上了当时由日本人创办的大连中学。当时大连中学的学生主要是日本移民的子弟,中国学生很少。

【采访】中共中央党校原副校长 韩树英

我在这念的,成绩又很好,给日本人气坏了。因为头一年学日本文言语法,(有)200人,最后老师批卷子,我考第一,81分;别的日本人都没有,校长气坏了。战后我回来以后,日本同学告诉我,校长说,你们怎么搞的,就那么两个中国人,让他们考了81分,不行,你这样子丢死人了。

尽管是日本人的学校,韩树英虽然受到歧视,但总算还能勉强把书念下去,学校的大门外可就是另一番天地了。1937年七七事变爆发后,大连殖民当局为了战争的需要,又扩大了从山东骗招工人的数量,据当时福昌华工株式会社的董事长相生由太郎在《支那之苦力》一书中供称:“经营中的大连码头,每年吞吐一千万吨以上的货物,全

部是用'支那苦力'装卸的。"随着山东码头工人数量越来越多,集中居住穷苦工人的红房子里很快人满为患,疾病丛生。

【采访】老码头工人

王乐堂:一块来了五十多人,都在一块干,不到一年死了一半还多,剩了没几个了。

周秀云:扛大豆包,扛豆饼,一下扛四块。

王乐堂:扛不动了,摞了,趴下了,小鼻子看见就使皮带抽。

周秀云:铁块往肩上扛,一扛手都粘到上面,粘完一掀,血淋淋的,那手上的皮都撕掉了。

陈志:后悔(来)啊,后悔也没办法,你就得受着,回家吧,没有钱怎么办?

周秀云:相当苦,一天要干五六个车,一个车366包,五个人,一个人搭肩,四个人扛,有时候四个人,一个人搭肩,三个人扛。

陈志:在红房子你要想跑出去,叫当头的抓住能被砸死。

王乐堂:有一个姓刘的,在码头叫那个日本人使撬杠,铁的撬杠,一撬杠就打死了。哎呀,打死的太多了,没法说。

梦想破灭了,苦力这一名词的出现,让人不得不承认,日本殖民用语的准确与残忍,而海南丢一词的出现,更平添了多少失去家园的辛酸。这位老人叫邵桂兰,是跟着母亲从山东老家逃荒到大连的,她的父亲早年就来到大连,在码头上给日本人扛大包,就住在红房子里。

【采访】邵桂兰

我那时候遭的罪(老多了),没衣服穿,撕大窟窿眼儿,就揪一揪,那些人都是红房子召劳工在这干苦力,死在厕所,这个死了(那个)把衣服扒下来接着穿,这是我亲眼见的。那个时候简直就是人吃人的社会,死人哪有好衣服,他们冻得(扛不住),水泥袋子纸绑一绑,哪有衣服穿。死的很多,龇牙咧嘴的,死在街上东倒西歪的。

邵桂兰的父亲,当时也差点死在红房子里。就在邵桂兰父亲睡的那铺炕上,二十多号人全感染上了瘟疫,一个晚上过去,就有几个人再也见不着了。

【采访】邵桂兰

俺爹得了伤寒病，很厉害，是一种传染病，幸亏有些红房子工人善良的人，把俺爹偷着送到山东老乡的家了，在山东老乡的家里藏了起来，老乡们还把他送到慈善医院，一点点好起来了。日本人发现了这种病，最反对这种病，就活活烧死了。

为了给父亲治病，十二三岁的邵桂兰就出去干活挣钱，遭罪挨饿已经成了必须接受的习惯。

【采访】邵桂兰

我一想起来我从小遭那个罪我真想哭，十二三岁就去缝破麻袋，手冻得在嘴里哈一哈，再缝。没有办法，家里等着吃，穷得等我挣钱。缝不起来开不着饷，哭得在外面给我起个名叫小哭孩，一打听小哭孩，谁都知道。我挣不着钱我着急，我虽然是个孩子，我过穷日子但我懂事，我知道家里妈妈等着我挣钱回去买吃的。

在那时，能活下来就算是天大的幸运。据资料记载，1942 年 3 月到 9 月，短短七个月的时间，红房子里的大连码头工人死亡 3500 多人，有的一天死亡 100 多人。大连的老码头工人常说：红房子不是用红砖砌成的，而是用中国人的鲜血染红的。

【采访】大连市史志办研究员 王万涛

1942 年 3 月到 7 月，仅仅 5 个月时间红房子死掉工人数量达到 3500 人，要按照日算，每天 16 个还要多。当然不是每天（平均），多的时候一天死掉 100 多人，最多的一天死掉 160 多个人，工人就把它叫阎王殿、杀人场。

今天，我们已经无法准确统计到底有多少人死在红房子里。但是我们能看到的是，一座港口的规模在那时进一步扩大，大连街上一栋栋风格各异的建筑拔地而起，一项项城市基础设施陆续竣工。1908 年，大连街头亮起了 237 盏电灯；1909 年，第一辆有轨电车驶过大连街头；1914 年，大连地下自来水管网铺设工程正式交工。这座用移民的血汗甚至生命建起来的城市，正在殖民者的残酷压迫下，痛苦地生长着。而那些山东移民们，则以一种最坚忍的方式，融入到了城市当中，他们结婚生子，繁衍

后代,在苦难中迎来新生。

(五)

1945年大连解放之后,中国共产党迅速派出大批干部进入大连,实际掌握了这里的政权。1946年,韩树英受命回乡,担任当时的大连高中校长。

【采访】中共中央党校原副校长 韩树英

四面八方的,大体上是这样的,和军队情况差不多,一部分是延安来的,一部分是各个解放区来的,特别是山东解放区,那时候山东是四个区党委,这是一批,再一个是晋察冀、晋冀鲁豫、太岳区五个团,五个团的干部,只有架构,没有兵,我们就是地方工作人员。

和韩树英同期来到大连的,还有很多知名人士,像我党早期马克思主义历史科学拓荒者吕振羽、后来担任中共中央纪委副书记的李一氓,曾担任旅大市文联主席、歌曲《歌唱二小放牛郎》的词作者方冰,还有大连工学院的第一任院长屈伯川等等,他们有的就从此留在了大连,为我们这座城市的振兴注入了蓬勃的力量。

【采访】中共中央党校原副校长 韩树英

最有名的,吕振羽来了,李一氓更有名了,来了以后就留下来了。再有一些就是从延安,从解放区来的,大连一时成了人才非常集中的地方,叫做特殊解放区。还有各种各样的地方干部,像屈伯川这样的,他是延安自然科学院的,留德,德语很好,来了以后就当工学院院长。

屈伯川,四川泸县人。他是共和国老一辈教育家,延安自然科学院创始人之一,大连理工大学创始人之一。1947年5月,屈伯川受党组织派遣来到大连,担任大连理工大学前身关东工业专门学校校长。

【采访】屈伯川的夫人 徐烈英

他在延安就是搞自然科学研究,是教课的,所以他到大连来,也喜欢在学校工作。来了以后很快就安排工作,都愿意要我们,特别是我是搞技术工作的,学医的,工作好安排,他来了就当工专校长,住在新开路日本人工专校长的房子，那时候还行，工专校长的房子条件还是可以。他说要办大学，不能在市内办，学生老逛街，就没有心思念书了，他就是说应该到郊区去办。

从1946年9月到1948年9月，中共大连市委和民主政府先后创办了旅大建国学院、关东工业专门学校、关东电气工业专门学校、关东医学院和关东俄语专门学校等六所高等院校。

还有一位老人叫祁文广，今年已经84岁了，是大连理工大学老教师。鹤发童颜，说一口好听的南方话，祁文广也是在那个时候来到大连的。

【采访】大连理工大学教授 祁文广

我那个时候是在香港电力公司工作，我的同学通知我说东北的大连大学在招聘人员，希望我能去，我当时就答应了，同时他又帮助我说服家里面，使我们很快就成行了。

经过一年的努力，学校共招聘教师93位，其中包括中国雷达第一人毕显德、光学专家王大珩等国内有名望的专家13人。

1949年4月15日，大连大学在市文化宫隆重举行了建校庆典，第一任校长李一氓，工学院院长屈伯川。市委书记欧阳钦出席并讲话。1950年大连工学院独立建校，校长由屈伯川担任。祁文广成为大连工学院的老师，从此把家安在了大连。而作为大连教育的开拓者，包括屈伯川、祁文广在内的老教员们，他们的学生早已桃李满天下，他们的名字也被这座城市永远铭记。

【采访】屈伯川的夫人 徐烈英

学校建起来以后，就搬这里了，他说他不能脱离学校，不能离学校老远，一定要住在学校里，到这里晚上有时候到学生宿舍去，看看他们冷不冷。来了新生，他总是要去，看看他们带的被够不够，习惯不习惯。他有时候到厨房去检查学生伙食怎么样，去看一看。问问学生冷不冷，带的行李够不够，这里冷，有的学生是南方来的，他就得去问一问。

从1946年到1950年，通过中国共产党有组织地选派和招聘，大连成为各种人才汇聚之所。

不光是教育界，在工业战线上，也有一大批外来的技术人才在那个时期来到大连。这里是大连重工·起重集团，它是由多家老厂整合在一起的，其中就包括大连机械厂。1949年10月3日，新中国成立后的第三天，一位叫史济智的浙江嘉兴人来到大连机械厂，那时，他刚从厦门大学毕业，在上海听了东北招聘团的报告后，就毫不犹豫地决定，要到大连工作。

【采访】大连重工·起重集团原总工程师 史济智(86岁)

当时我到大连，工资要比我在上海低一半，上海的工资高大连的低，(可我)不后悔。我当时为什么选择来，实际上很简单，思想很单纯，那就是爱国心，把中国建设强大起来。

与史济智同往大连的还有6个刚刚走出大学校园的学生，这些年轻的面孔和史济智一样，放弃富庶繁华的江南，离开故乡，把理想和使命投向了遥远的东北。而此时在黄渤海之滨，从屈辱和苦难中走出的大连，百废待兴，从殖民统治者手中回归的一个个工厂求贤若渴，正在翘首盼望着人才的到来。

【采访】大连市史志办研究员 王万涛

因为在日本统治时期我们大连工人，基本上有技术含量的岗位不准许上。那么解放当时我们留用了一些日本的技术工人、一些管理人员，只要不是法西斯分子，咱们把他作为工人阶级留用下来。后来遣返政策实施，1949年的时候这一批日侨基本上回国了。

25岁的史济智被任命为大连机械厂设计科科长，成为当时大连工厂最年轻的设计科长。史济智兢兢业业，从设计科长到副总工程师再到总工程师，为大连机械制造业的发展壮大，呕心沥血，奉献着自己的青春年华。史济智清楚地记得，他在到大连后，因为工作繁忙，10年没能回故乡探望年迈的父母。

【采访】大连重工·起重集团原总工程师 史济智(86岁)

在设计科里就我一个大学生，责任大，本事没有这么大。我刚出学校没有实践经验，所以并没搞过设计，在学校搞过，人家对我的期望很大，实际上我没有本事。我现在的本事是通过实践锻炼出来的，我从小的技术人员做到总工程师，是大连把我培养出来的。

1965年，史济智承担了当时冶金部和机械部的重点科研项目——“堆取料机”的设计，经过两年时间的艰苦努力，终于攻克技术难关，设计制造出了新中国第一台“堆取料机”。直到今天，“堆取料机”仍然是大连重工·起重集团的主打产品之一。而当年和史济智一起来到大连的6个大学毕业生中，有4位后来担任大连各大企业的总工程师，为大连工业发展奉献了自己的青春。

【采访】华东师范大学现代城市研究中心教授 林拓

他们对建设的投入，对于大连建设热情的激发起到了很重要的作用，他们是榜样，因为工业化发展是需要组织纪律的，这样一个方面很快速地推进了大连的进步，他们接受了新的欧洲技术、上海建设的新的沉淀以后，他们支援到大连来，正常技术探索时间是比较长的，缩短了这么一个发展的周期，所以这些是很可贵的。

根据档案记载，1949年解放后的十多年间，东北招聘团先后多次奔赴南方招聘高级工程技术人员，先后有上千人长途跋涉来到大连，在不同岗位默默奉献。他们是这座城市自新中国成立后的第一批技术移民，是这片黄渤两海相拥的土地迎接春天的使者，是大连城市发展的强劲动力。

【采访】编剧 高满堂

大工业给城市人带来了自信，一种气魄和豪迈，一种情怀和感情无法割舍地渗透到心中和血脉中。农民和商人都没有这种气魄，是那个年代对工业的重视使然。优秀的传统的工业文明带来这种独特的优势心理。

在整个的计划经济时代，大连作为共和国老工业基地之一，一直得到国家各项政策的大力扶持，其中一项最主要的内容，就是在大学毕业生的分配上，优先考虑大连国有企业的需要，一大批当时并不多见的接受过高等教育的大学毕业生，融入到我们这座有着工业传统的城市，很快成为各企业的骨干力量。曾担任过大连橡塑机厂厂

长的周礼乐，就是在 1968 年大学毕业后，按国家计划指令分配到大连的。

【采访】原大连橡塑机厂厂长 周礼乐

从 50 年代到 60 年代，大连橡塑机厂由国家分配了大量的大学毕业生建设这个厂。当时我记得来的人有北京化工学院的，有华南工学院的，还有山东工学院的，他们都是有橡胶机械专业的，正好对口，来的大学生就比较多，还有上海的。总之，全国各地的技术人员应该说都云集到橡塑机厂，外地来的大学生在橡塑机厂占了绝大多数。

因为大多是南方人，对大连的气候和环境一下子还不能适应，刚来的这些大学生们吃了不少苦头。

【采访】原大连橡塑机厂厂长 周礼乐

比方说广东的大学生，就是我们的同事，在广东的时候，一年四季都穿拖鞋，到了这个地方不行了，冬天这么冷，天寒地冻的，就受不了了，有的还没有棉衣，到了这里现添棉衣，气候不适应对他们来说是一个考验。还有一个问题，当时南方的生活比较好，大连比较困难，特别是 60 年代，生活比较困难，那时候吃的是苞米面，一吃那种东西，感觉是满口砖，咽不下去，有的同志来了以后，开头几顿饭都吃不好，人都瘦了。

但是只要干起工作，他们就会全身心投入。上个世纪五六十年代，国家要把橡塑机械制造行业搞上去，大连橡塑机厂这个解放前生产轧道机和炮弹箱的小企业，被确定为全国橡塑机械制造行业的龙头企业，可想而知，要实现这样的转变，需要付出多大的努力。周礼乐和他的同事们为此付出了毕生的心血。

【采访】原大连橡塑机厂厂长 周礼乐

一个外地人怀着热爱事业、热爱大连的一颗心，把自己的一生献给了橡塑机，献给了大连，献给了我们的事业。他们觉得，回过头来想，还是无愧于自己的一生，无愧于自己的青春，无愧于自己的人生。我觉得是这样，他把自己完全融入了大连，对这个城市的每一点进步、每一点发展，都感觉到有自己一点绵薄的力量，感觉到有自己的一份努力，为大连感到骄傲。

就是这样，这些新中国早期的大学生们把大连当成了自己的第二故乡。而在大连市的整个工业企业当中，像周礼乐这样的外来技术人员为数众多。他们融入到工人阶级队伍当中，把智慧和汗水凝聚在一张张图纸上，浇铸到一件件新产品当中，成为大连工业发展的决定力量。

【采访】华东师范大学现代城市研究中心教授 林拓

一大批的技术干部，包括从上海过来的，这样就促进了大连的整个技术水准的快速提升，精神气质更加鲜明，比如说在1980年的时候，跃进号，就是第一艘万吨轮，还有石化工厂，炼的是外国的油，这个石化工厂的意义是很大的，可以说是那一代人的记忆，也是那一代人的楷模。

改革开放之后，在新的大发展时期，大连又以她独特的城市魅力开启了具有划时代意义的兼容并蓄。1984年，大连经济技术开发区正式成立，摆在决策者面前的头等大事，就是人才的引进。

【采访】金州新区政策研究室主任 王启怀

人才是靠招聘引进的，当时开发区所在的马桥子只有3万多人，这些人主要以当地农民为主，而要搞一个现代化的工业园区，必需有人才。因此，在市委市政府领导下，开发区管委会从三个方面招聘人才：第一类是党政干部人才，第二类是企业经营人才，第三类是科技人才，经过不断招聘壮大（人才的队伍）。

从1984年6月1日，第一批90多人的先行开拓者搬进这个仅有3平方公里、3万原住民的小渔村，到今天包容近百万人口、生产总值在辽宁地市级单位中名列前茅的中等城市，一大批富有开创意识的建设型人才和科研型人才在这里会聚，数万名来自各地的技术工人在这里辛勤付出，熔铸起代表开发区区域文化的“拓荒牛精神”。

【采访】大连开发区新闻中心副主任、
《大连开放先导区报》副总编 王国栋

这些人和开发区是息息相关命运连在一起的，开发区发展得非常快的时候,很多人能够借势发展把自己产业做大,事业做大,自己生活也能做非常好。开发区低迷的时候,这些人还是一起坚守坚持、一起抗击风暴,同开发区一起走过低谷迎来新的发展。在开发区从几千块钱起家,现在有了自己的产业,房子、爱情、生活,很多人讲起来,他们发自内心的喜欢这个城市,热爱这片土地。

1988 年,在原本冷清的马桥子的土地上,出现了第一条现代化的商业街,开发区管委会希望在这里建造一个景观艺术,来展现年轻城市对未来的向往。加拿大归国华侨,从小就酷爱雕塑的张立旗恰好听到了这个消息,他从沈阳来到开发区,捧来了厚厚一摞设计稿,足有 20 多份,在众多的投标方案中,张立旗的设计出人意料地获得开发区方面的认同。

【采访】雕塑家 张立旗

当时的领导说了那么一句话,他说搞这个建设不怕有缺点,就怕没特点。我就开始在其中的一个墙壁上,比较矮的一个墙,就画了一幅壁画,当时这幅壁画画完,所有的人都在画中,包括游人、路人、领导,大家都觉得这个太有意思了。

在接下来的时间里,张立旗从孩子的视角,把年轻的开发区对于未来的希望,用童话故事的元素,夸张地表现了出来。这就是当时名噪一时的五彩城。20 多年过去了,虽然开发区因为市政建设,发生了巨大的变化,但是五彩城至今还保留在一代人的记忆之中。而张立旗自从做完五彩城的项目之后,便选择在开发区安家。如今,在开发区 25.1 万户籍人口当中,有 17 万人是外来移民,他们在这里实现了自己的五彩梦想,而开发区也成为一座中外文化交融汇聚的现代化城市。

【采访】金州新区政策研究室主任 王启怀

移民文化也为开发区的文化铸就了一种新的品格,比如融入了开发区的开放创新、务实高效的开发区精神,关爱企业、尊重企业家、尊重纳税人的文化,鼓励创新、宽容失败、崇尚成功的创新精神等。这为我们今后开发区跨越式发展提供了不懈的力量源泉。

2001年,在建设北方人才高地和发展高科技产业的思想背景下,第一届大连海外学子创业周开幕。为了吸引海外人才,大连市政府在美国为广大留学生们提供免费回国机票,让他们都到大连看一看。这对当时在美国靠打工谋生的留学生来说,颇具吸引力。正在美国硅谷从事光电器件和子系统研究的杨炳雄,就是其中之一,不过那时的杨炳雄对大连根本没有什么印象,接受免费机票的初衷是为了能趁机回南方老家探亲,毕竟可以省去近万元的交通费。

【采访】大连艾科科技开发有限公司总裁 杨炳雄

我当时就想从大连再转道回家,到大连之后,就有人接,还安排吃住,我一看就这么走也不好意思,就留下来看看,这一看我从此喜欢上了大连这座城市,而且我觉得大连对人才引进是真的如饥似渴,我当时就决定,搞出名堂之后,回大连办公司。

2004年,在光电器件开发领域取得突破的杨炳雄真的回到大连。接下来的创业过程虽然艰辛,却成果显著。回国第二年,杨炳雄就在大连市政府的扶持下,融资1.5亿元人民币创办艾科科技。公司主营项目光有源器件,被国家发改委立项支持,列为"振兴东北老工业基地高科技产业化项目"。2007年,艾科科技在国内首次实现电调制激光器的产业化,产品性能达到国际先进水平,填补了国内空白。

【采访】大连艾科科技开发有限公司总裁 杨炳雄

我现在特别感谢那张机票,直到现在我还珍藏着,我觉得这张机票体现了大连人的一种胸怀和追求,这是当今最宝贵的一种精神,我现在也算是一名大连人了,我特别喜欢这座城市。

2010年6月29日,已经上升为国家级的"中国海外学子创业周"迎来了它的十周年庆典。十年间,2700多名海外学子携带技术或资金来到大连,创办企业1000多家。大连以包容和坚实的臂膀,充满活力和富有追求的城市品格,吸纳着当今世界最先进的理念和人才,开创出一个新的城市产业,成为中国北方最具吸引力的城市。

【采访】华东师范大学现代城市研究中心教授 林拓

大连这个移民城市是比较包容的，而大连很主流的一脉就是追求卓越。比方说当年的卢盛和、陈火金，到了现在，像温家宝总理在视察软件产业园的时候提出，希望你们争第一，争全国第一，争世界第一，这种追求卓越是我们大连很重要的精神。所以这样一种文化进一步体现出它们很有生命力，能够把这样的文化互动促进发展，很有亲和力，很有创造力。

岁月如斯流淌。一代代移民的命运，应和着时代风云变幻。他们的梦想，在历史中摇曳不息，并不断生长。他们的性情，像泉水一样浇灌在这片土地上，孕育着独特的城市文化。

漫步在大连街头，你会发现这是一座崇尚包容却又追求卓越的城市，人们从四面八方来，没有人在意你的乡音，却都在为实现自己的梦想而奋斗。这还是一座浪漫与务实完美结合的城市，古朴的滨海路木栈道上，你可以悠闲地欣赏山海美景，而就在眼前的大海深处，一艘艘巨轮正昼夜航行，积累属于大连的财富资本。当绚丽的服装节焰火映红夜空，你可以徜徉在华彩的霓裳里，却不会忘记我们祖辈为这座城市付出的牺牲。这是一座越来越国际化的城市，但在人们的心灵深处，却始终涌动着热爱民族文化的浓烈情怀。

这是一座移民城市的偏得，这是山海之间生生不息的血脉。一代代先辈，就像天空中一颗颗璀璨的星斗，无论从哪里升起，最终都汇聚在我们美丽家园的天空下，以自己特有的性情绽放出夺目的光芒。今天，这座城市正是在这样的光芒照耀下，迎着八面来风，呼唤那些追寻梦想的人们，续写出新的大连故事！

第五集　梦开始的地方(上)

如果没有北太平洋暖流带来的温暖海水,也许我们的城市不会像今天这般模样。千百年来,这股看不见的洋流,给人们带来了相比同纬度地区更加宜居的气候,也让我们这些后世子孙拥有了一座座优良的深水码头。

这是密布大连黄海海岸上的各大码头,每一个清晨,城市在轮船的汽笛声中苏醒,每天至少有十几万人围绕着港口的各项业务忙碌,涉及航管、海关、物流、信息、保险、金融、期货等十几个行业,与临港产业相关的外贸和服务企业更是多不胜数。

对于大连来说,港口就是一个支点,它好比一个发动引擎,一点火就会迸发出无穷的生命力与感染力,渗透在城市经济、生活的角角落落。

大连是一座因港而生的城市,港口是大连人梦开始的地方。

(一)

1898年5月的一天,一位名叫盖尔贝茨的俄国土木工程师来到大连湾北岸,为即将兴建的商港选址。但勘测结果让他感到失望,因为这里受南风侵袭严重,淤泥很容易堆积,建港条件并不理想。于是他把目光转移到对岸,又经过一番仔细调查,盖尔贝茨喜出望外:大连湾西南岸是一座天然深水良港!

【采访】辽宁师范大学历史系教授 田久川

这个地方建港有三个有利的条件,第一个是陆地面积比较宽阔,可以建货场、铁路、公路,办公司建城市都具备条件;第二个是水深比较适宜建港,水深20米左右。第三个是这个地方几面有山的阻挡,受海风、海浪的影响比较小,港口的水面比较平静,适合港口建设。综合这几个方面,俄国当局就决定在这个地方建港。

一片物华天宝的黄金海岸,因为这样一次当时几乎

不为国人所知的地理勘测，命运陡然发生了巨大变化。110多年后，当我们在回顾这座城市历史的时候，也许有人会感慨，一座城市的开始，竟看似这般偶然。但这偶然机缘的背后，却是充满阴谋与血腥的大国博弈。

1895年中日甲午战争失败后，清政府被迫签订了《马关条约》，割让辽东半岛、台湾和澎湖列岛，赔偿日本军费2亿两白银。这一条约的签订，使得觊觎中国东北尤其是辽东半岛已久的沙俄，产生了严重的危机感。

【采访】中国社会科学院研究生院历史系教授 商传

争夺大连最厉害的是两个国家，一个是沙俄一个是日本。为什么他们争夺这么厉害？因为他们看重了东三省这块富饶的地方。东三省这块地方出海的最好位置就是大连，当时叫旅大。日本人最方便占领的就是大连，俄国人取得东三省的利益想通海，也得占领旅顺大连这个地方，所以这个地方成了他们争夺的一个关键点。表面上看来争夺的是一个点，实际是整个东北地区。

其实，在争夺旅大地区的背后，沙俄还有更大的目的。这个人叫维特，是当时沙俄的财政大臣、远东计划的制订者。远东计划的主旨有三条：一是修筑铁路，二是寻找不冻港，三是向远东移民。后来，沙俄果然就是按照这三条环环相扣的计划逐步推进，一点一点地蚕食中国东北地区，而在整个计划当中，在旅大地区寻找不冻港是关键。马克思曾经写道："俄国需要的是水域。"又指出："对于一种世界性侵略体制来说，水域就成为必不可少的了。"

【采访】大连市史志办研究员 王万涛

俄国发起"三国干涉还辽"的成功，已使清政府对俄国产生了不切实际的幻想，根本看不清也不愿意看清俄国的真实面目和列强之间争夺在华权益、争夺亚洲霸权的幕后真相，甚至动起了"联俄拒日"的歪念头。慈禧太后及其重臣李鸿章，是这种思想主张的主要代表。他们的这种意愿，正中俄国侵略者下怀。

1896年6月3日，李鸿章同沙俄财政大臣维特和外交大臣洛巴诺夫在莫斯科签订了中俄《御敌互相援助条约》，俗称《中俄密约》。正是这个密约，让沙俄取得了在黑龙江、吉林修筑铁路直达海参崴的特权，并在一年后借故占领了旅顺。为了使军事占领合法化，1898 年 3 月和 5 月，沙俄又强迫清政府签订了《旅大租地条约》和《续订旅大租地条约》，强租旅大 25 年。辽东半岛南部的这片美丽而富饶的海岸，在大国利益争夺的天平上，经历了一番痛苦的轮回。

这是滋养我们的这座城市长期不愿意触及的伤痛，但一座具有现代化雏形的城市就在这伤痛中带着血丝破壳而出。就在沙俄强占旅大后不到 20 天，他的东省铁路公司立即派出土木工程师盖尔贝茨率团到旅顺口勘测，准备在这里兴建一座国际大商港。

【采访 1】辽宁师范大学历史系教授 田久川

商港这部分开始也是想建在旅顺，但在旅顺找了半天感觉不行，这个地方作为商港受一定局限，特别是财政大臣维特和军方始终不能很好地黏合在一起，维特觉得军方专横跋扈，经常干预他的范围，他认为自己的范围是个禁区，军方和其他人不要随便干预，他想按照他自己的计划来进行。

【采访 2】作家 素素

俄国的财政大臣也觉得不想跟军方贴得那么紧，后来才决定把目光由旅顺口向东移，移到大连湾，这样才有了大连港，在大连建港。

当盖尔贝茨把在大连湾西南岸的勘测结果上报之后，东省铁路公司立即决定在大连建设港口。这一天是 1898 年 6 月 11 日，清光绪二十四年四月二十三日，也就在这一天，清朝光绪皇帝正式下令宣布变法，实行新政。这场持续 103 天的改革被称为戊戌变法，最后在一片腥风血雨中失败了，夕阳下的帝国虽然摇摇欲坠，却仍然没有走到终点。而在并不遥远的大连湾，随着 1899 年 8 月，沙皇正式批准在东西青泥洼一带修建大连港和大连市，一座港口和城市的历史，在侵略者的周密计划中拉开了大幕。

【采访】清华大学历史系教授 陈争平

他要按照他的面貌来改造世界，所以在这个过程当中，他就把资本主义一些工业文明的东西带到这里来，所以在这个过程当中外国殖民者引进先进生产力和东北大开发，他是结合起来的。

在1899年沙皇俄国财政部第239号密档中，保存着沙皇尼古拉二世《关于兴建达里尼市和赋予这个城市自由港权利》的敕令原件，其中写道："大连湾港位于伟大的西伯利亚铁路末端的一个站点，日益繁华的黄海中心，具备所有的优势，在最短的时间内成为全世界重要的贸易中心"，"为追求财富，我们欲在它周边着手兴建城市设施，并将其称为达里尼"。

达里尼，遥远的地方，如今它成为沙俄的一个真实梦境。

【采访】辽宁师范大学历史系教授 田久川

自由港的概念有两条，一条是向一切国家开放，第二条是在关税上予以种种的优惠。由于当时的沙皇俄国，迫于国际上的压力，没办法他只好让大连港对外开放成为自由港，这个自由港就吸引了主要是资本主义国家的船舶，到大连进行通商贸易。所以在沙俄统治时期，尽管对大连港的统治时间较短，但已经有很多国家来通商贸易了。

萨哈罗夫，毕业于俄国彼得堡库莱夫斯基工科大学，是俄国著名港口工程建筑专家，曾任俄东省铁路公司建筑技师。1899年春，萨哈罗夫在海参崴拟就了大连港口的筑港计划，港口的修建计划得到了沙皇的青睐，萨哈罗夫也被委派为沙俄在大连设立的建筑事物所所长及总工程师职务。而对于他和盖尔贝茨共同制定的城市设计方案，俄国政府也几乎未加修改就同意了。

这张大连商港及市区规划图就出自萨哈罗夫之手，它让我们看到了现代大连商港和城市的最初面貌：港区东侧，一座护岸连接防波堤由南至北向海中延伸再拐角西北；港区西侧，一座煤炭码头伸向海里，从东向西，四座突堤码头平行依次排列。在码头背后，按距码头远近，规划有货物交接区、仓储区、燃料区、免税区。

【采访】大连港集团港史研究室 刘连岗

在这张大连湾商港及市区规划图中，我们能看到铁路线的设计，用铁路线将港区、城市乃至东北腹地连接起来了，还包括行政管理区也在港区的周边不远，这样对港区管理也方便一些。通过这些设计细节可以看出，当时的设计理念是港城相连、港城一体的。

1899年春，萨哈罗夫来到旅大，一面向美、英、日及香港、上海厂家订购大批机械设备，一面修改海、陆工程方案。最终决定新建的这座商港以俄国黑海的敖德萨港为样板，城市则以敖德萨城和法国首都巴黎为样板，这在当时世界上无疑是比较先进的。俄国人想把在自己的土地上无法实现的现代和时尚，一股脑都带到这块钟灵毓秀的处女之地。

【采访】作家 素素

所以大连这个城市，包括它的港口，它的最基础的东西是西方的，是欧洲的，是外来的，这样一种港口和城市的关系，影响了大连整个城市的发展。

这里就是当时达里尼市的中心——尼古拉广场，今天的中山广场。以它为核心的中山区，至今还保留着俄国人建市之初的规划。当时的市中心设一座广场，附近再设几座小广场，以广场为中心，向四面八方辐射大小市街，形成一种开放、通达的城市格局，与一般城市饼状或环状格局形成鲜明的对比。

规划出的莫斯科大街宽34米，一般街道宽25.9米，中心处6.4米至8.5米作车道及人行道，两侧各1.49米作庭园用地。这条大街将是大连的第一条繁华街道，东面的起点就是大海和码头。除此之外，还有基辅大街，是从海港码头通向火车站；圣彼得堡海岸大街从港湾桥通向滨海街，那是为俄国人修建的用来散步的滨海路。大多数街路的两侧都要种植树木，树种主要是从俄国南部订购的刺槐，这种槐树花香浓郁，成活率高，这也是今天大连槐花飘香，每年能举办赏槐会的一个原因。

【采访】辽宁师范大学历史系教授 田久川

萨哈罗夫的市街设计指导思想与阿列克谢耶夫的旅顺市街建设设想一样，都是实施俄国化和种族隔离的方针。利用林木繁茂的西青泥洼自然村落，建立一座大公园和苗圃叫横断公园，就是今天的劳动公园，横断中国人和欧洲人主要是俄国人的联系，并以此为界，以西为中国人居住的街区，以东为欧洲街区和行政街区。

现代起来的不仅仅是城市规划,还有生产方式和管理制度。近代俄国的生产力水平虽然整整落后欧洲上百年,但这更促使他们在20世纪初拼命学习并追赶西方,市场化就是他们学得的最新成果。

建港建市首先遇到的问题就是征地,沙俄在形式上采用了当时资本主义国家通常采用的社会通告、契约和拆迁补偿的做法掩人耳目,实际上采取强迁的手段。给予中国人的补偿是极其微薄的——6万多亩土地及其地上物的补偿金额只有45万卢布,平均每亩地只有7个卢布,按当时俄国卢布和清朝白银的比价折算一下,一亩地的补偿费只有不到3两银子。

沙俄当局廉价强征中国居民的这些土地后,转手又进行高价拍卖。1902年,由市长萨哈罗夫领导的达里尼市街港湾建设事务所出台了《达里尼地段拍卖及出借暂行规则》,并于沙俄在旅顺开办的报纸《新边疆报》上发文向全球招标,同年11月1日,达里尼市举行了第一次拍卖会,卖出一、二等地共计不到200亩,就得款425179卢布。

【采访】大连港集团港史研究室 刘连岗

也就是说他只用了两块地千分之二的面积就差不多收回了前期整个征地的投入。当时有31位竞买者,其中俄国人21人,犹太人4人,还有6个中国人,他们在那个时候就通过土地拍卖和市场运作的方式筹得了港口建设的资金和城市建设的资金,这也从另一个角度说明大连在当时是一个非常具有投资价值的地方。

港口的发展,需要集疏运交通体系的配套。俄国占领旅大后不久,即着手在几个重要地段修筑公路。到1901年已修筑了旅顺—大连—金州—貔子窝以及普兰店之间的公路。中东铁路公司在旅顺设有南满支线分公司,负责公主岭以南铁路铺轨任务。从1899年开始自旅顺向北筑路,到1901年年初,已有部分线段火车开始运行,并开始受理私人货物运输业务。同年,南关岭至大连港的铁路线也已竣工。从此,旅顺至大连间客运列车每日往返各一次。到1902年,公主岭以南铁路全线竣工。

而在海运方面,1900年沙俄就开辟了海参崴与旅顺之间的定期航线,同时保持与上海地区、日本、朝鲜以及香港地区的航运联系。1902年,大连港部分竣工投入使用后,出入船舶也逐渐增多。

【采访】大连市史志办研究员 王万涛

到1902年年末，中东铁路线哈尔滨—大连之间每日发1次班车。1903年2月23日6时40分，第一次快车自哈尔滨开抵大连。当时还没有火车站，就在市行政街区设一临时车站。到1903年7月，纵横中国东北的中东铁路就全线通车了，中东铁路全线通车后，俄首都圣彼得堡到旅顺的时间由原先的一年多缩短为十二三天。

1900年，俄国人在旅顺、大连市区和大连湾设立了三个邮局，邮件数量和汇款数额十分庞大。便捷的交通和相对齐全的城市配套设施建设，使得临港产业、配套工业和各种服务业迅速兴起。大连和旅顺等地很快就兴办起一些啤酒、烟草和面粉等近代化工厂。由于建筑的需要，木工厂、砖瓦厂尤其多。

【采访】大连工运史专家 刘功成

到1902年年底，中青铁路修船厂，也就是大连造船厂的前身，已经建成了一个3000吨级的船坞，这在当时是大连最大的工厂，该厂用当时世界上最先进的动力电力驱动机器、修理船舶上的机械等设备，而其他如现代城市所必备的自来水、电力、瓦斯、银行、邮局、商店、旅馆、医院、药房、浴池、洗衣房等等，都在这个远东新兴的城市中出现了。

良好的城市环境和开放的自由港政策，吸引了世界各地的商人来到这里，大连一时成为冒险家的乐园。俄国大买办承包商纪凤台经营的“德和号”、英国木材商的和记洋行、日本煤炭采购商的三井物产出张所、美国煤炭采购商的史密斯北方商会、法国煤炭采购商的帆足商会、德商的万利洋行等纷纷在大连落户。

【采访】大连市艺术研究所研究员 李振远

沙俄的侵略导致了中国主权的丧失，大连人民沦为无依无靠的弃儿。然而，俄国人在为自身利益谋划的同时，也充当了向大连输入外来文化和现代文化的“历史的不自觉的工具”。沙俄宣布大连为自由港，打开了大连与国际交往的通道，使大连成为东北第一大港和中外经济文化交融之地，也成为当时颇具欧风色彩的远东都市。

在修路和寻求不冻港两项远东政策得以实现之后，俄国当局就加快了移民的步伐。一些俄国的达官显贵来到旅顺、大连，住在环境优美的别墅区、欧洲区，住着有水电供应的温暖的洋房，喝着美酒、品着咖啡，晚饭后那些穿着布拉吉的俄国少女在自家葡萄架下荡着秋千，有的则沿着海边林荫路悠闲地散步。或许她们并不知道，这座美丽的城市是用中国劳工的血汗建起来的，在中国人居住区的一间间窝棚里，饿着肚子的工人们都在盼着太阳再次升起的时候，能够吃上一顿饱饭，穿上暖和一点儿的衣服。

【采访】作家 素素

大连人在殖民统治的城市里是贫民，这样一种社会层面，决定了内心是屈辱的，是有反抗意识的，是想改变的。凭什么你俄国的"马达姆"要穿得那么好？男人要穿大氅，女人要穿布拉吉，我们为什么就要拉洋车？我们为什么那么卑微？这种东西对在这个城市生活的大连人来说，是他内心里边的一种屈辱。

因为城市里住有俄国人和少量欧美客商，所以当时旅大地区已出现了不少娱乐场所。旅顺市剧院，每周演出多场，间或有马戏表演。在后乐园音乐厅和旧市街船坞音乐厅，每个星期日都有音乐会。俄国人的家里，多备有钢琴、管风琴、提琴、曼得林等乐器，一般活动则多用手风琴。另一娱乐活动是春秋季节的赛马会，赛马场设在前清毅军操练场，东侧有看台，间或还有赛马赌博。真是声色犬马，好不热闹。

有了铁路、有了不冻港、有了他们梦寐以求的骄奢淫逸的生活。铁路干支线上建起的哈尔滨、大连、旅顺等近代化的政治、经济、军事重镇，就像一串闪耀的明珠，把圣彼得堡和中国连接起来。沙俄统治者多么希望从此以后俄国能够在远东自由行动，并在太平洋沿岸永享霸权。

（二）

1904 年 1 月 26 日，关东州全体沙俄文武官员齐聚旅顺海军俱乐部，准备为太平洋舰队司令斯达尔克夫人玛利亚·伊万诺夫娜庆祝生日。晚上 9 点多钟，正当这些达官显贵们翩翩起舞的时候，突然传来一阵隆隆的炮声，起初人们还以为是舰队特意安排的庆祝礼炮。直到几个小时后才知道，这是日本水雷舰的袭击。

【采访】辽宁师范大学历史系教授 田久川

日本把沙俄从他手中夺走旅顺视为国耻，从天皇开始卧薪尝胆，积蓄国力。1904年日本开始反击，于是爆发了震惊中外的日俄战争。这是两个强盗为争夺另一个国家国土所进行的狗咬狗的战争，结果是小鼻子把大鼻子打败了，俄国人挂起白旗回了老家，从此国运一蹶不振，俄华帝国之梦也彻底破灭。

1905年9月5日，俄日两国在美国的调停下签订了《朴次茅斯合约》，在没有中国政府参与的情况下，又把大连从沙俄手中转让给日本，成为日本的战利品。同年12月，日本又迫使清政府签订了《合议东三省事宜条约》，从此大连人民陷入日本殖民统治之下40年。

【采访】大连市艺术研究所研究员 李振远

日本对大连的统治变本加厉。虽然他也把大连宣布为自由港，但他首先是把大连变成进一步扩大侵略的军事基地。在这里他们建立了侵华的先锋部队——关东军，把大连变成侵略东北的策划中心。同时他们建立了实际是日本政府殖民统治派出机构的“南满洲铁路株式会社”，大连港就由满铁管理。

随着自由港制度的实施，筑港工程和港口规模不断扩大，货物吞吐能力大大增强，在改扩建俄国人码头的基础上，日本人新建了多个码头和防波堤、栈桥、堆场。1925年，大连码头可同时停靠2000吨级至万吨级船舶31艘，货物年通过能力约700万吨。1930年投产的甘井子煤炭码头，是当时世界上比较先进的专业化码头，货物年通过能力1000万吨以上。

【采访】大连市史志办研究员 王万涛

日本殖民者之所以不遗余力，不惜工本加大筑港工程，(主要)是为加大掠夺东北丰富的物产和资源，垄断东北经济和对外贸易，通过铁路、港口联运，海港发展到特定运价政策的实施，达到垄断东北经济和控制东北对外贸易的目的，建立推行“大陆政策”的据点。

日本通过铁路和大连港掠夺的货物主要是中国东北的原料。南满铁路就像一条吸血管，将东北的财富聚集到大连，又通过港口和货轮源源不断地运到日本。大豆、豆饼、豆油、煤炭、生铁5种货物占出口总量的80%，其中仅煤炭一项就达30%；而出口的国家主要是日本，占总量的50%。这是"工业日本，原料满洲"侵略政策的具体实施。其结果，一方面大大增强了日本的国力，另一方面又严重地削弱了中国的国力。

在城市建设方面，日本基本上沿袭了沙俄统治时期的规划思路，以尼古拉广场——日本人改称"大广场"为中心修建了七座广场，以这些广场为中心开辟街巷，哥特式、巴洛克式、文艺复兴式古典建筑分布各个广场四周。由于多个欧洲近代古典主义的建筑在同一个大广场周围错落叠加，使这个刚刚兴起的城市涂上了异国文化的色彩和风情。

【采访】作家 素素

1907年到1913年，大连市区东半部，今中山广场、友好广场、三八广场、二七广场、民主广场等处欧洲风格的放射状街道逐步形成。

那时候在大广场也就是中山广场西侧，耸立着一座哥特式风格的建筑，它就是日占时期的大连民政署厅舍，设计者是前田松韵。后来又出现了朝鲜银行、横滨正金银行、大连市役所、大和旅馆等一批标志性建筑。1913年，日本大连交易所正式成立，它是官办的大连交易所，主要交易大豆、高粱、谷子、豆饼、豆油等。而民办的日本大连株式商品交易所，也叫大连股票商品交易所，是在1920年成立的，主要交易有价证券和棉布、麻等商品。

【采访】大连市艺术研究所研究员 李振远

1906年日本一些保险株式会社也在大连、旅顺等地设立保险机构，办理水灾、火灾、人寿保险业务。从此，大连成为银行、期货和证券公司聚集的地区，到上世纪30年代，在大连开办的外资金融机构有三十多家。日本横滨正隆银行、俄亚银行、日本朝鲜银行、日本大连银行、日本教育储金银行、辽东银行、英国汇丰银行等在大连设立本店或支店。

为了满足城市发展的需要，一些与公用和基础设施建设相关的企业相继建立。1907 年，日本小野田水泥株式会社投资 60 万日元，在泡崖子建立工厂，这就是大连水泥厂的前身；1908 年，日本东京瓦斯株式会社在大连投资建立瓦斯工厂，由此诞生了大连燃气工业。1909 年 9 月，大连第一条有轨电车线路港湾桥到电器公园线路投入运行。

【采访】大连市艺术研究所研究员 李振远

大连的公路交通也有发展，1913 年大连至旅顺的北路、大连经金州至普兰店、金州至城子坦、普兰店至貔子窝等 5 条公路干线基本形成。以这些干线为骨干，又修筑了通往各地的支线公路。

1910 年，第一台汽车出现在大连街头，到 1920 年左右，汽车数量逐渐增多，又有了旅顺到黑石礁车程只有半个小时的旅顺南路，日本军政要员往来旅大之间开始纷纷弃火车而乘汽车。

【采访】大连市艺术研究所研究员 李振远

而到 30 年代，随着亚细亚列车的投产，火车也开始提速。每日上午长春和大连都有一列对开的火车出发，所需时间为八个半小时，朝发夕至，当时被称为亚洲第一速。海运方面，大连开通了 130 多条国际航线，大连在当时是一个国际性的大都市。

1909 年，星海公园前身——星个浦公园开始修建。1914 年，驻大连大和旅馆（今大连宾馆前身）的西方客人，常在伏见台（今西岗区实验小学一带）打高尔夫球，此项运动由此传入大连。同年，日本商界为吸引西方商人，在星海公园北侧建起面积 12 万平方米的高尔夫球场，并成立高尔夫球俱乐部。1911 年 8 月满铁大连图书馆工程也开始动工，到 1928 年 12 月建成，它就是今天鲁迅路图书馆的前身。

【采访】大连市艺术研究所研究员 李振远

1907 年日本殖民当局开始扩建西公园，即现在的劳动公园。园内建有体育场、网球场、游泳池、棒球场、弓场、马场、音乐堂等一应俱全的文体设施，常见日本人在里面打棒球,1926 年改名中央公园。1907 年满铁又在北公园,今天的北海公园增设网球场。1909 年修建电气化公园,就是老的大连动物园前身,里面有电影院和游乐设施。

随着人流物流的增加,大连的商贸业也迅速发展起来。1905 年 8 月,刚刚占领大连不久,日本关东州民政署就在大连信浓町(今大连火车站东北角)开设大连市第一个公立零售市场,直到 1937 年年末,才迁入新建成的大连常盘町市场,也就是今大连商场北楼的位置。1909 年,日本人将沙俄时代的娜乌奥罗斯·伊街和巴鲁族·伊街所在的街区改名为浪速町,浪速不是人名,而是一艘战舰的名字。这里便成为大连日后最发达的商业区,也是日本商户集中的区域。解放后,改称天津街。

到了 1911 年,大连的日商已经达到 1800 多户。浪速町已经有了辽东百货、劝商场等具有一定规模的百货商店,以后辽东百货改名为妇女儿童商店,劝商场改成几久屋,后来成为在大连商业史上久负盛名的天百大楼。

【采访】作家 素素

"几久屋",原来叫"劝商场"。1933 年 10 月,由日本国会议员岸田正记投资,把劝商场改建成了几久屋。几久屋大获成功。因为它虽在消费品位高的浪速町,卖的却是大众化商品,所以受到了买家的欢迎。让几久屋一下子成为浪速町最大的百货店,风头马上盖过了资深的辽东百货。天百后来也是走平民路线,也很成功,它是有传统的。

当时大连还有一个标志性的百货店,叫做三越洋行大连支店,也就是后来的秋林公司。三越洋行总部在日本,在中国东北曾有多家支店。大连的支店最早在浪速町东侧的大山通,也就是现在的上海路。1937 年 9 月,三越洋行大连支店决定在常盘町一号建一座新大楼。

【采访】作家 素素

(三越洋行)设计者叫西村大冢,整个建筑地上五层,地下一层。因为建在城市东西主干道路边,还在地下室设了一条横穿马路的地下通道。曾是大连城市标志性的建筑。1945 年 8 月,苏联驻军司令部接收了三越洋行全部财产,改名为秋林股份有限公司大连分公司,隶属于哈尔滨秋林总公司。

秋林公司的对面，就是大连商场。它也是一座老资格的商场，前身叫“常盘桥市场”，再前身叫“信浓町市场”。因为信浓町市场专门卖蔬菜水果和副食品，大连商场的副食部至今仍然人气兴旺，十分红火。

（三）

大连成了日本人的梦境天堂。而与此形成鲜明对照的，则是大多数中国人面临的苦难生活和恶劣待遇。这些拍摄于日本侵占时期的老照片，就是当时在大连港卖苦力求生的中国工人的血汗写照。他们大多住在寺儿沟附近的红房子里，吃的是猪狗食，干的是牛马活儿，冬天无取暖设施，夏日蚊蝇成群，有的工人生病了，日本监工怕传染，人还没死就给装进活底棺材，扔到乱葬岗子。仅1943年3月至6月，仅因患病残废就达3520多人。

【采访】大连港退休职工 王玉芬

我家那时就住在寺儿沟红房子附近的穷汉岭，寺儿沟那有个公共厕所，现在还在，那时候日本人叫那一带为狼窝，就是中国劳工聚集的地方，很多流浪汉、穷人晚上在厕所避风，结果就冻死在那里了。经常看到，那个厕所本来就小，每次冻死至少有五六个人吧，小孩看到吓得不敢进，大人上厕所都得跳着进去，哎呀，真是惨不忍睹。

普通的大连市民则住在今天的春柳、香炉礁和小岗子等地，过着困苦的生活。为了巩固自己在大连的殖民统治，日本人在旅大地区设置了庞大的警、宪、特各类统治机构，从城镇延伸至广大农村，从机关、学校到工厂企业，密如蛛网，无孔不入地监控着中国居民的一言一行，施展各种法西斯特务手段，对旅大地区乃至东北地区的中国居民进行残酷迫害、疯狂镇压，可谓恶贯满盈，罄竹难书。

【采访】中共大连市委宣传部原副部长 董志正

80年代中期北京晚报的副总编到了旅大参观以后，他在《大连日报》刊登了一篇文章，说旅顺口是半部中国近代史。我想补充一句，如果更准确地说，旅大的历史是中国半部近代史的缩影。

抗战爆发后，日本殖民者对旅大人民的统治更加严酷。政治上实行奴化教育，凡居住在关东州内，年龄在14岁以上、不满55岁的男子，不论日本人还是中国人一律要进行登记，以便随时为其侵略战争充当炮灰，而经济上则对一些重要商品实行严格的管控，禁止粮谷、大豆、豆油、豆饼、棉布、砂糖、面粉等在市场上交易，目的是要把一切人力、物力、财力都用于战争，战争就像一台恐怖地呜呜作响的绞肉机，把一切都绞了进去，也包括日本自己。

1945年8月14日，中华民国国民政府同苏联签订《中苏友好同盟条约》以及关于旅顺大连、中长铁路等协定，规定苏联无偿租借大连港30年。随着苏军越过边境线向盘踞东北的日本关东军发起进攻，8月15日日本宣布无条件投降，8月22日苏军进驻大连港。至此，日本在大连的殖民统治宣告结束。

【采访】大连港集团港史研究室 刘连岗

从1905到1945年，日本对大连港进行40年的统治和管理，时间是比较长。从1945年以后，因为苏联军队出兵中国东北，根据条约规定，苏联红军就接管了大连港，一直到1950年。

1946年到1948年东北解放期间，由于国民党军的封锁，大连陷入极端物资短缺状态。没有了粮食，人自然就活不下去了。当时香港的《申报》，用通栏大标题报道：大连港完全瘫痪——大连已经是一座死城。

【采访】大连港集团港史研究室 刘连岗

当时大连的情况，粮就是最大的新闻，粮船一靠码头，哪怕是一条舢板，一靠码头，也是新闻。粮船一靠岸老百姓就高兴，粮价也会应声下跌。在1934年的时候，大连港的吞吐量就超过了1000万吨，到了1947年，降到17.5万吨，你可以想象，万吨船，17条船就装下了，那时候吞吐量已经低到极点了。

为了渡过难关，中国共产党领导的旅大地委遵照东北局的指示，提出“靠山吃山，靠海吃海，靠地吃地，能大即大，能小即小”，全地区城乡人民展开了一场轰轰烈烈的群众性生产自救运动。市政府颁布了《奖励粮食进口的暂行办法》，动员鼓励各行各业组织人力、财力、运力，冲破封锁，从外地采购粮食。到1947年7月，市场粮价得到平抑，市民的生活终于有了可靠保障。

1948年，随着东北全境的解放，国民党军对大连的封锁也告结束。1949年元旦，香港华商报刊载了茅盾题为《迎接新年，迎接新中国》的文章，茅盾写道：新中国诞生了，这是5000年来中华民族的第一件喜事，这也是亚洲民族有史以来第一件喜事。而在文章发表时，茅盾和章乃器、孙起孟、李济深等人已乘一艘苏联船离开香港，他们的第一个目的地，就是大连！

【采访】中共大连市委宣传部原副部长 董志正

北京解放之后，甚至东北解放之后，逐渐要成立政治协商会议，要团结国内各民主党派的成员。地下党经过香港租了一艘船，把这些民主人士，像郭沫若、李济深、茅盾，分几批北上，这样才召开了第一次政治协商会议。这批民主人士很多人都经过大连这个地区（转到北京）。

大连带给茅盾的是非同寻常的感受，在回忆录《我走过的道路》中，他曾这样描述看到大连港的心情，“大家蜂拥到甲板上，贪婪地眺望这片神圣的、自由的土地。我们来到了，我们终于来到了！”大连，留在茅盾记忆中的是曙光、胜利、欢呼和走过黑暗获得自由的舒畅！而这，又何尝不是当时全体大连人的心声！

从1895年甲午战争结束到1945年日本投降，苏军进驻旅大，时光整整走过了50年。在半个世纪的岁月里，大连这片黄金海岸，因为特殊的地理位置，成为俄日两个列强争夺厮杀之地，大连人民由此经受了深重的屈辱与痛苦。这是一段让后人永远铭记的悲剧，却又潜藏着一个历史悖论，殖民统治者驱使中国工人在这里修筑港口，临港建市，加速了大连城市化和现代化的历史进程。而随着港口的发展，通讯、金融、保险、期货、证券等临港产业和港航服务业，都较早地光顾了这个新兴城市，国际化、市场化成为这个城市的背景和底色，这也是大连城市发展的真实写照。

正如马克思指出的那样，殖民者在把中国推向苦难的同时，也“充当了历史的不自觉的工具”，大连在战火中沉沦，在沉沦中崛起，在苦难中转型，在逆境中新生，无数先辈用血汗乃至生命建起的城市，理应成为后人珍惜并不断发展完善的瑰宝。今天，当我们沐浴在和煦的阳光下，我们既要牢记那段历史，更应该以开放的思维投入到伟大复兴的洪流当中，去建设一个国际化、现代化的领军城市，这是每一位大连人的光荣使命！

第六集　梦开始的地方(下)

2006年，一部以记录世界性强国发展历程为题材的大型电视纪录片《大国崛起》,在中央电视台播出，并很快在国内引起强烈反响。人们发现，一个个崛起的大国，无论历史背景和国内外政治思想环境如何差异，都有一个共同的因素，就是要依托海洋和国际资源。

学者进一步指出：在世界性大国诸多的经济形态中，最为活跃、最有活力的是国际港口型的全球经济。那是一种以港口为依托、港口城市为平台、综合物流运输体系为动脉、港口制造和服务产业为支撑、内陆为腹地，进而推动区域繁荣的开放型经济。

对大连来说，港口就是一个支点，开放文化就是它的灵魂。它好比一个发动引擎，一点火就会迸发出无穷的生命力与感染力，渗透在城市经济、生活的角角落落，成为人们实现梦想的强大动力。

(一)

发端于晚清洋务运动的港口和近代城市建设，在中日甲午战争的血色黄昏里，刚一开始就被扼杀在摇篮里。半个世纪的殖民统治，打断了这片美丽富饶土地由农业文明向近代工业文明发展的自主历程，给大连人民带来沉重的灾难。从港口建设开始，沙俄和日本两个帝国主义列强，用掠夺和残暴，用大连工人的血汗乃至生命，建起了一座初具规模的城市，这是殖民者的天堂，却是大连人不堪回首的屈辱记忆。那些由近代文明带来的城市规划、西方建筑、公共设施，乃至体育和娱乐场所，都几乎被殖民者所独享，而对于生活在城市底层的大连市民来说，这近在眼前的繁华，宛如不可触及的梦境，只能给原本已经受伤的心灵再添上一道道触目惊心的伤痕。当1949年新中国成立的礼炮声响起，旅顺和大连这两座仍处于苏联军事管制当中的城市，终于听到了回家的召唤。

1949年12月16日，莫斯科。五星红旗和苏联红旗在凛冽的寒风中飘扬，在克里姆林宫里，斯大林和新中国国家主席毛泽东亲切会面。两个多月后，两国领导人签署了《中苏友好同盟互助条约》等一系列协定，这其中，就包括《关于中国长春铁路、旅顺口及大连的协定》。

【采访】中共大连市委宣传部原副部长 董志正

1950 年 2 月 14 日签订协议以后，中长铁路和大连港逐渐移交给中国，双方建立了交接委员会，到年末的 12 月 31 日，双方进行了签字，交接就完成了，大连市是由大连市市长毛达恂在签字书上签的字，而且他是市长兼大连港的第一任港长。

时任大连市市长的毛达恂，成为大连港的第一位中国港长，而第一任党委书记，则由王伟担任。半个多世纪过去了，这位 91 岁老人，仍对签字仪式那天的情景记忆犹新。

【采访】大连港务局第一任党委书记 王伟

我们三人，毛达恂、我一个，还有董福亭，当时苏联一个港长、一个副港长，还有一个女的会计师。当时就是在我们的办公室，那是里外套间，又是大会议室、小会议室，都很大的，在那签字的。

从 1899 年到 1951 年，大连开埠已经 52 年了。鲜艳的五星红旗终于在港口上空升起，向进出港的船只昭示着主权。重新回到人民手中的城市，也开始按照人民的意志行使主权。早在 1945 年 10 月，中共中央东北局任命韩光为中共大连市委书记，并带领一批干部来大连组建旅大金党政警群机构。1947 年 4 月 3 日，相当于省级政权的关东公署在旅顺成立，1947 年 12 月，关东公署由旅顺迁往大连，为旅大地区最高行政领导机关，统辖大连市、旅顺市、金县和大连县。1949 年 4 月 27 日，关东公署改为旅大行政公署。1950 年年底，撤销旅大行署区和大连市建制，建立相当于省级政权的旅大市，辖旅顺市、金县、长山县和 7 个直属区：中山、西岗、岭前、沙河口、甘井子、营城子、小平岛区。此后，又经过数次行政区划调整，才形成了今天的总体格局。

一座新生的城市，一座新生的港口，虽然百废待兴，但人们对未来充满了憧憬。面对当时西方国家的经济封锁，中国人民自力更生，渡过了一道道难关。1954 年，码头工人出身的王玉吉当选为第一届全国人大代表，被邀请到北京参政议政。

【采访】大连港劳动模范 王玉吉

我说，周总理，我是大连港的。周总理说，你是大连港干什么的？我说，干装卸的。周总理说，好啊，你们工人不是做主了嘛！

这如梦如幻的经历告诉王玉吉，也告诉所有码头上的工人兄弟——他们是新中国真正的主人。当家做主的码头工人也开始把属于新中国的大连港当成了自己的家，并由此孕育出了大连港的传家之宝——老码头精神。

【采访】大连港退休职工 《大连湾往事》作者 郭慧敏

有些老工人抢活干，外人看，抢活是抢什么，就是抢钱，哪有钱，没有钱，我多干点活，就觉得这个东西是我卸下来的，活是我干的，我马上就扬眉吐气。多干点活就扬眉吐气，不是说拿钱就扬眉吐气，什么叫老码头精神，当时人的精神很朴实、很朴素。

后来，大连港党委总结了老码头精神的六项主要内容，那就是：任劳任怨、埋头苦干精神；一丝不苟、精益求精精神；不怕困难、勇挑重担精神；团结协作、不计报酬精神；一心为公、爱港如家精神；深入现场、带头大干精神。几十年来，“老码头精神”培育和影响了一代又一代大连港人，造就了王玉吉、顾金泉、程子美、骆明荣、王建佳等众多先进人物。老码头精神是大连港这块蓝色土地上的“土特产”，是大连港的魂魄所在。正是这样的精神底色，使得建国初期的大连港，为大连经济的发展、东北老工业基地的形成、新中国国民经济体系的建立，做出了不可替代的贡献。

【采访】大连港务局第一任党委书记 王伟

大连有些大型国企厂的设备，像机车厂生产的车头，那个东西当时出口，只有大连港能装卸，有设备、有水深、有码头、有条件。还有我们国家南方搞的发电厂，大型的发电设备、涡轮机、上百吨的大件，全国港口能靠上岸，能直接装卸的，没有。在改革开放以前，就只有大连。

由于大连港特殊的战略地位和区位优势，在新中国刚起步的日子里，国家把有限的资金尽可能多的投入到大连港，进行了大规模的改造和扩建，港口能力不断提升。到上个世纪60年代，大连港仅万吨级以上泊位就有30多个，超前的港口建设，使得大连港在很长的一段时间内领先于国内其他沿海港口，而国内很多港口都得到过大连港的支援。

【采访】大连港务局第一任党委书记 王伟

援建了很多港口，湛江港全套人马，连消防队都是大连港的，其他上海、天津、广州，都有大连港的干部，有的当调度室主任，有的当副局长、书记，还有的当局长。

建国初期的大连港，是全国的大连港，更是全市的大连港，不仅担负着自身的生产营运职能，还担当着许多社会职能。几万人的单位，医院、浴池、公园、俱乐部、幼儿园、扫盲班、小学、中学，都是自己承担。还要协助解决大连本地和全国的许多困难。

【采访】大连港务局第一任党委书记 王伟

儿童公园是我们建的，原来叫海港公园，劳动公园原来不是这样，荷花池是大连港包下来硬挖的。还有棒棰岛的建设，市内路两旁绿化的树都是大连港搞的，工业、农业都有所支持。

依托港口，许多临港产业也在那个时候发展起来。坐落于黄海之滨大连湾畔的大连石化公司，前身是1933年日本统治时期建立的满洲石油株式会社大连制油所，当时只有7套装置，年加工能力仅为15万吨。1951年工厂交由中方独立经营管理，1952年更名为中国石油大连石油七厂。在上世纪50年代初，大连石油七厂生产了大量军用油品，为支援抗美援朝战争做出了重要贡献。

【采访】大连石化公司退休职工 徐履廉

五六十年代的中国城市街头，公共汽车都背着一个巨大的煤气包。中国那时候贫油，我们那时候炼的油都是外国油，也叫洋油，所以当时很希望能有国产的石油。

贫油的帽子一天不摘，石油工人就一天无法扬眉吐气。所以大连石化人至今难忘上世纪60年代那段充满艰辛和创业激情的火红岁月。当大庆的第一列原油列车到厂时，大连石化的工人们不禁欢呼，“我们终于闻到了国产原油的气味，结束了炼洋油的历史”，大连石化是我国首家成功炼制大庆原油的企业。

【采访】大连石化公司退休职工 于瀛河

可是大庆油并不好炼，大庆原油的组分、操作条件和参数都与过去加工的原油不同，多年的老经验用不上了。大庆油闪点低、凝固点高，炼油时一不小心就会着火、凝管线，但大庆人能把石油采出来，我们就一定能把油炼出来。后来我们就摸索出加温和脱盐的办法，把油炼了出来。

到上个世纪70年代，大连成为中国石油出口的重要口岸，也为我国第一座10万吨级原油码头的建设奠定了基础。

（二）

十年“文革”给全国的港口建设造成了很大冲击，但即便在当时，国家也一直保留了大连港和大连市一定的开放地位。还是在西方国家对中国封锁最严重的1954年，国家就批准大连市成立了对外贸易局，对外贸易的对象不仅有苏联等社会主义国家，和日本也恢复了贸易。1960年10月1日，经国务院批准，大连口岸正式对外开放，成为新中国直接对外贸易的五大口岸之一。1963年辽宁省外贸局在大连设立办事处。同年，省外贸局将所属的八个进出口公司也设在大连。

【采访】大连对外贸易经济合作局副局长 张晓鹏

所以从1963年到1984年国家开放14个沿海城市之前，实际是大连市对外贸易发展较快的时期。大连口岸的进出口总额累计达到49.9亿美元，进口总额名列全国第一，出口产品达100多种，并开展了对美国等发达国家的贸易。大连可以说在那一封闭时期担当了特殊的开放任务。

1972年，中美发表联合公报，预示着两国的经济贸易和人员往来将有更大的前景，对港口的能力也提出了新的要求。1972年大连至上海水路集装箱航线开通，这是中国最早的水路集装箱航线之一。1973 年 5 月,大连港建港办公室成立,组织大规模的港口基本建设和技术改造,大连港年度货物吞吐量首次突破 2000 万吨。但即便如此,大连也和全国的港口一样,仍处于一个低水平运作阶段。1973 年,全国港口的吞吐量加起来还不如荷兰的一个鹿特丹港。

【采访 1】大连港务局原党委书记 曹凯

1973 年周总理主持了国务院会议,就批评交通部港口建设不好,港口太落后了,说他们是乌龟爬,提出一定要 3 年改变港口面貌。

【采访 2】大连港务局第一任党委书记 王伟

大连港就考虑增加什么样的深水泊位。原来大连港装卸油品的码头是在大连老港的东面,叫油区,油很容易出事,和其他泊位,粮食码头靠近,容易污染,互相影响。正好周总理有号召,要增加深水泊位。周总理高瞻远瞩,想得远想得开,这样大连港就决定油码头搬迁。

“三年改变港口面貌”,这句在当时冒着极大的政治风险、充满了勇气和智慧的话语,让港口建设者们憋了多年的力气有了出口。本来一开始大连港想采用日本设计的单点系泊式码头建设新油港,但由于日本人不提供应有的备件,最后采用了以钱令希教授为主导的我国自行设计的栈桥式码头方案。

【采访 1】中科院资深院士 钱令希

我们要同日本人争口气,日本人要来造,他掐我们脖子,我们自己干。我们不仅拿出方案图纸来,而且还拿出一个模型来,做一个小桥的模型。我们说就这样子九跨,到那个地方一转弯,就可以停船了。

【采访 2】大连港务局原党委书记 曹凯

当时群众就提出一个口号,要建争气港,给祖国争光,给毛主席争光,给中国人民争气,我们没你那个设备,我们建的港照样可以出口原油。

1976 年 4 月 30 日,大连新港原油栈桥码头全部建成投产,这是我国自行勘探,自行设计,自行施工,并全部采用国产材料建造的第一个现代化 10 万吨级深水码头。按照当时 10 万吨级的设计和大庆原油的产量,码头建成之后每年可出口原油1200万吨，换回外汇10亿美元，这对于当时的国民经济是一个很大的帮助。

【采访】大连港集团港史研究室 刘连岗

当时国际上很多人卡我们，我们急需的成套设备，拿人民币，人家不卖给你，得有外汇，得有美元。这样许多成套设备，包括辽阳30万吨乙烯，都是通过出口石油的外汇换回来的。当时我们国家经济应该是在崩溃的边缘，在这一点上，也书写了中国经济发展史上重要的一笔。

油港的建成也为后来的港口发展、大窑湾港区的选址建设奠定了基础。改革开放后，开发区的选址、西太平洋炼油公司的投产都和这个港口有着密切的关联。正是这个港口的兴建，使得大孤山半岛成为今天的石化产业聚集区。

如今，30多年过去了，近一公里长的海上栈桥依然屹立于黄海之滨，为我国现代化建设发挥作用。它也将永远铭记钱令希等老一辈科技工作者"科技报国"的爱国情怀。

（三）

1978年，党的十一届三中全会吹响了改革开放的号角。1984年大连市被确定为首批14个沿海开放城市，8月12日至16日，万里、谷牧、李鹏等中央和国务院的领导同志到大连市视察工作，听取了大连市委、市政府的工作汇报，并召开现场办公会议，集中研究解决大连市进一步搞好对外开放，经济体制改革和加快能源、交通建设等方面的一些重大问题。

【采访】原大连经济体制改革委员会主任 刁成宝

关于这次会，有一个会议纪要，主要是确定了城市定位，把大连作为东北开放的窗口。内容一个是建大窑湾港，要求1986年开工，1990年完成前4个泊位；一个是同意在马桥子建开发区；再一个就是确定招商引资的优惠政策。当时就提出开发区引进技术的起点要高些，要建立一批轻型、耗能低、不污染环境、知识和技术密集型的工业。其他一些事关大连未来发展的重大议题也都在这次会议上进行了部署。

可以说，这次会议奠定了大连30年改革开放的基础，也奠定了大连在东北地区的龙头地位，很多思路和布局在当时看来十分超前。比如当时明确提出，大连市对外开放，不仅是要繁荣本市的经济，更重要的是为辽宁、东北三省、内蒙古东部地区提供技术进步和经济振兴的窗口和服务，使我国东北地区这个重要的工业基地焕发青春。

1986年，我国四大深水中转码头之一的大窑湾港正式开工建设。1992年年底一期工程前4个泊位全部完工，并于1993年7月2日正式投入使用。前四个泊位的建成，已经促进了以其为依托的大连经济技术开发区、保税区的滚动发展和大连新市区的建设，而后续的开发，更使大窑湾新港区成为大连港乃至大连市的长远发展所在。依托新的港口，大连相继建起了若干个国家级开发区。

【采访】中共大连市委党校教授 赵立成

我们在大连陆陆续续地设立了5个国家级开发区，这是在我们东北地区唯一一个有5个国家级开发区的，包括我们经济技术开发区、保税区、高新技术产业园区、金石滩国家旅游度假区，还有出口加工区。因为什么，就是因为大连是这样一个功能比较完善，区位比较优越的港口城市。

大连港的集装箱运输起步很早，1972年大连至上海的水路集装箱航线就已开通，这是中国内地最早的水路集装箱航线。1980年由上海港经大连港至东北的全国第一条集装箱水陆联运线也开通试运。尽管那时大连港集装箱运输的规模不大，码头的作业能力也有限得可怜，仅有两个集装箱泊位，但由于青岛港和天津港的集装箱业务尚未起步，所以各大船运公司纷纷要求挂靠大连港。

正是看到了高速增长的集装箱运输已成为世界航运业发展的趋势，大连港开始建设以集装箱码头为核心的大窑湾港区。在一期泊位基础上，1996年，大连港集团又与新加坡港务集团合资组建了大连集装箱码头有限公司（DCT），投资并运营大窑湾一期工程的后5个集装箱泊位。

1997年12月，世界最大的集装箱班轮公司——丹麦马士基船公司参股大连集装箱码头。2004年9月，大连港集团与马士基集团、新加坡港务集团、中远太平洋共同组建了大连港湾集装箱码头有限公司，经营大窑湾二期工程的6个集装箱泊位。2007年10月,大连港集团与中海集团、日本邮船株式会社共同组建了大连国际集装箱码头公司,投资并运营大窑湾三期工程。

【采访】大连港集团董事长 邢良忠

大连港的开放与合作不仅仅局限在集装箱领域,也不仅仅局限在对外开放,在码头配套及集疏运领域。大连港集团与大连保税区、美国普洛斯集团共同投资开发并经营了大窑湾保税物流园区,现在的保税港区正是从那时起步的;与中铁集运共同组建了合资公司,投资建设大连铁路集装箱中心站;与中国外运集团签署了全面战略合作协议,在口岸物流基地建设、内陆物流通道、海上中转等领域实现全面合作。

开放的前提是改革。作为最早进行体制改革试点单位的大连港,在1986年和2001年,又先后进行了两次具有重要意义的体制改革。1986年1月1日,国务院决定,大连港开始实行中央和地方双重领导、以地方为主的管理体制。但真正给大连港带来巨大变化的还当属第三次港口管理体制改革。2001年11月,国务院下发了《关于深化中央直属和双重领导港口管理体制改革的意见》。依据这份文件,大连港的管理完全下放到地方,并实行公司制改革。2003年4月7日,市委、市政府公布了大连港下放地方后政企分开的改革方案,成立大连市港口管理局和大连港集团有限公司。

【采访】大连港集团董事长 邢良忠

正是这次改革,使大连港在产权结构上归属大连市,成为城市资产的重要组成部分,在更深层次上把港口的发展与城市发展紧密联系在一起,大连在与东北亚城市圈的角逐中也拥有了最宝贵的战略资源。

港口是城市发展的引擎。港口的迅速发展,不仅能促进临港加工业的发展,也能带动商贸、金融、旅游及其他服务业的繁荣。在大连市的决策者看来,不能仅把港口作为一个货物集散地,更要把开发建设融入到整个城市的发展中去,走港口、产业、城市互动之路。

就在大连港集团组建不久,2003年11月,《中共中央、国务院关于实施东北等老工业基地振兴战略的若干意见》出台，其中“充分利用东北地区现有港口条件和优势，把大连建成东北亚重要的国际航运中心”这三十四个字，让整个大连涌起一片沸腾。

【采访】大连海事大学教授 港口与航运交易所所长 孙光圻

这是国家给大连的一次难得的机遇，可以说从建国以后这是最高级别的政策和期许，使得大连的发展建设上升为国家战略。虽然航运中心是城市功能的定位，但从世界航运中心的发展历程看，港口是航运中心最核心的硬件。建设东北亚国际航运中心，必须要打造一个核心港。

与国内诸多港口城市相比，大连港的征程早已起航。110年前，这里滩涂茫茫，芦苇苍苍，还是个规模不大的码头。半个世纪之后，它已是闻名于世的东北亚大港。而如今的“国字号”规划，再次标注了大连港这个“城市光环”的亮度。

【采访】海军大连舰艇学院教授 杜辉

世界上一些重要的中心城市，有相当多是依托于港口。口岸和港口本身大发展，对于这个中心城市能否成为区域性中心，甚至国际中心，是最基本的基础。不管是东京、香港，包括汉堡等等，这样国际上重要的港口城市，它依托港口，逐渐形成了这个区域的贸易中心、转口贸易中心、物流中心，甚至金融中心，以及全球性的交通枢纽中心，这个功能在全球来说是一个普遍性的规律。

在东北亚重要的国际航运中心的旗帜下，大连港的建设进一步提速。为适应世界航运业船舶大型化的要求，大连港依托大窑湾建起了一批专业化深水码头。每一个码头的目标都直逼国际航运中心的硬件，他们的口号是：世界上有多大的船，我们就有多大的码头！

从70年代的10万吨级到如今的30万吨级，凝聚了大连港几代人的心血。大连港一级引航员孙克昌至今还对第一艘30万吨油轮进港时的情景记忆犹新。

【采访】大连港集团一级引航员 孙克昌

在2004年6月4日，大连港的第一座30万吨原油码头建成投产，并迎来了第一条30万吨满载的油轮，船名叫梦，当时的情况我记忆还是比较深刻的，我之前还从来没有引导过这么大的船。从那以后，我们每个月都能接卸六七条这样满载的30万吨油轮。

与30万吨级原油码头遥相呼应的30万吨矿石专用码头同样是目前国内最大、最先进的散货码头，投产使用后，鞍钢、本钢、凌源钢厂、北台钢厂、通化钢厂等5家东北钢厂纷纷将进口矿石业务转移到大连港，彻底改写了东北钢铁企业进口矿石在其他港口中转的历史。仅物流成本一项每年就给腹地企业节约几亿元。由于作业水平先进，装卸快捷，并且具备海上中转和保税分拨功能，目前服务范围已延伸至整个环渤海地区，并吸引了华北、江苏的一些货主。

走上快车道的大连港好事连连。2006年8月31日，国务院正式批准设立大连大窑湾保税港区。港区规划面积6.88平方公里，包含了大连集装箱码头、大连港湾集装箱码头、三期集装箱码头、大连保税物流园区、大连汽车码头及汽车物流园后方约40万平方米土地。

【采访】大连海事大学教授 港口与航运交易所所长 孙光圻

大连大窑湾保税港区享受保税区、出口加工区、保税物流园区相关的税收和外汇管理政策，国外货物入港区保税；货物出港区进入国内才按实际状态征税；而国内货物入港区则视同出口，实行退税；港区内企业之间的货物交易不征增值税和消费税。

依托保税港区的政策优势，由大连港集团和中远码头有限公司、日本邮船株式会社合资建设的汽车码头，已经成为国内最大的专业化汽车码头，可靠泊全球最大的汽车滚装船，年设计通过能力76万辆。而正是由于有了生长在保税港区的汽车码头这棵梧桐树，2009年大连才成功地引进了奇瑞、曙光汽车整车生产项目这些金凤凰，改写了大连没有汽车整车生产项目的历史。

【采访】大连保税区管委会主任 卢林

我们不单单看重它每年有几十万辆整车下线，我们更看重它在大连对汽车产业的拉动。奇瑞厂进来以后，将有200家到300家的汽车零部件企业随之而来。按照通常的一种说法，有一块钱整车的产值，就有一块两毛四的零部件的产值，所以奇瑞如果一年产值搞到 500 亿，大连汽车工业就可以搞到 1000 亿的产值。

奇瑞是我国第一个将整车、CKD 散件、发动机及整车制造技术和装备出口国外的轿车企业，产品出口 70 多个国家和地区，2009 年出口整车 13.5 万辆，整车出口量连续 6 年稳居中国第一。作为中国最大的自主品牌汽车企业，他们很希望借助大连的开放优势走向全国、走向世界。

【采访】奇瑞汽车股份有限公司董事长 尹同跃

国家发改委要求奇瑞公司走出安徽省，成为中国的奇瑞，成为世界的奇瑞。东北是我们国家的重工业生产基地，又是我们汽车的发源地，一汽是我们国家汽车工业的摇篮，东北又是中国目前经济发展最快的一个地区，大连又是东北最好的城市、最有活力的城市。我们一直想走得更远一些，大连是我们最重要的一步。

这，就是大连港联通世界的生动故事。而伴随着奇瑞汽车走进大连，不少奇瑞的国内外供应商也接踵来到大连保税区，生产汽车座椅的澳大利亚富卓汽车内饰就是其中之一。

【采访】澳大利亚富卓汽车集团有限公司

执行总监 马特·戴维特

现在要准备大概 15000 平方米的厂房，以后不仅仅是供应给奇瑞，也为供给世界各地的产品做准备。

围绕着奇瑞、曙光整车生产项目的落户，包括世界 500 强企业美国江森自控在内，2010 年已经有 70 多家汽车零部件配套企业在保税区注册，产品包括汽车仪表盘、底盘、座椅、钢板、阀门等，形成了集聚效应。

如今，港口经济已经深植大连的经济命脉，即便是在远离港口的经济区块，也处处闻得“海味”飘香。而在时光流逝之间，大连港通天下的脚步也从未停止。这就是一座港口城市的现实骄傲。

（四）

大连的发展如此快，这个城市的动力在哪里？精神是什么？我们已经出发，但哪里才是我们的彼岸、归途？大连从出生的那天起就被强行打上了国际化的烙印，过程里含着愚昧、屈辱和辛酸。改革开放以后，我们认识了世界发展的规律，我们要主动走向世界，去寻找属于我们这个城市自己的未来。

从 1984 年大连被确定为 14 个沿海开放城市开始，大连的管理者就开始研究大连这个城市的定位。

在 1985 年的第六次党代会上，提出了“深入改革，搞好开放，大力推动社会主义物质文明和精神文明建设”的奋斗目标，依托港口的区位优势和开放城市的政策优势，大连首先确定了自己城市的招商引资、外向型经济的发展战略。

1988 年大连市政府出台了《外向型经济发展纲要》。也就是在这一年的 6 月 6 日，中国境内第一个日本独资企业万宝至马达大连有限公司在开发区破土动工，成为这片改革开放热土上第一粒外来的种子。

随后，原田工业、日清制油、斯大精密、岩谷气体、佳能等一批日本独资企业纷纷落户，由中日两国政府和 16 家日本民间企业共同出资建设的大连工业团地，也成为中国第一个成功运用外资成片开发基础设施的工业区。

在 1990 年召开的大连市第七次党代会上，提出要“把大连建成以经济中心功能为主，开放度高、吸引力大、辐射力强、功能齐全的社会主义现代化国际性城市”，这是大连第一次把自己的城市定位为国际性城市。在以后的历次党代会上，大连的决策层几乎都把建设国际化城市作为自己的奋斗目标。

在 1995 年召开的大连市第八次党代会上，在建设现代化国际性城市定位的基础上，进一步提出了“外向牵动，口岸经济，科教兴市，区域共同发展”的四大战略；

在 2001 年的大连市第九次党代会上，提出了“率先基本实现现代化奋斗任务和主要指标，坚持国际化、信息化、科教强市、协调发展的四大战略”；

在 2006 年的大连市第十次党代会上，提出率先实现老工业基地振兴，建设东北亚重要国际城市的目标；

在 2009 年下半年召开的大连市委十届七次全会上，提出了“进一步加快东北亚国际航运中心、东北亚国际物流中心、建设区域性金融中心，打造现代产业聚集区的目标”。

【采访】海军大连舰艇学院教授 杜辉

这些年，大连依托港口群落的发展，一个取向是进一步提升大连在整个东北亚经济区和东北经济区的地位。我们大连过去讲过叫国际性城市，现在是东北亚国际航运中心。同时，大连依托港口，依托对外开放的前沿阵地，这些年也搞了大量的对外开放的交流和活动，比方说举行大型的国际性会议，两次举办夏季达沃斯峰会。这对大连能走向全球走向世界，走向世界思想的高端，作为口岸是功不可没的。

港口的发展推动着城市走向国际化的进程。上世纪80年代，大连弥漫着改革的激情与冲动。但经过"文革"十年各种思想和体制的束缚，很多人对突如其来的新事物还是显得心有余悸，畏首畏尾。通过一种什么方式激活大连人固有的那种激情和浪漫，使他们找到思想开放的突破口，成为这个城市的决策者和文化人共同探讨的话题。1988年，大连惊世骇俗地举办了第一届大连国际服装节。

【采访】大连文化名人 杨道立

有了改革开放这样一个机会，我们找一个什么样的载体，让全城人民都觉得开放是大家的，是快乐的，是给每个人带来益处的？那我们就设计一个像节日一样充满活力的行为，吸引大家在这个城市里创立的节日，把我们的精气神体现出来。所以我觉得服装节不仅体现了一种开放的、文明的进步，实际上是大连这个城市在城市性格和市民性格方面，激发了某一种特殊的活力，就是敢于为先、敢于表现、敢于把外来的文化化为自己的。

如今，大连国际服装节已经成功地举办了21届，它早已完成其最初的思想启蒙功能，成为了这个城市的文化符号。借助服装节的平台，美国前国务卿基辛格、联合国前秘书长加利、国际奥委会主席萨马兰奇、WTO前总干事穆尔等一批国际知名政要来到大连，越来越多的交流让大连表露着真情，从握手到牵手，从交流到共赢，大连向世界展示魅力，世界让大连更加繁荣。

大连的城市节日还不止服装节，借助历史上留下的槐城之誉、体育城之名，每年五月的赏槐会飘散着槐花的芬芳，每年的啤酒节让来自五湖四海的朋友为这个美好的时代而举杯畅饮。正月里的烟花爆竹迎春会让一年的喜悦暂放在海天之间……大连人通过这样的节日，不仅展示了自己，也了解了最新的世界时尚潮流，迅速地融入到国际化现代化的潮流之中，融入到现代化的生活方式、审美情趣和价值追求之中。

【采访】中共大连市委党校教授 赵立成

发展开放型经济首先要有开放的心态，有开放的理念，所以事实上，蓝色文明我们说的好像是海洋，实际上说的是世界，世界经济的一体化。但是光解决经济一体化不行，比如说运行制度、规则、思想理念必须一体化。人类只有一个地球，大家共同拥有一个地球，无论是各种肤色，各种民族，都在这个地球上，(地球)是我们赖以生存的家园。所以我们蓝色文明是世界经济整体一体化的概念，我们必须树立这样的概念。

如果说大连的各种节日是城市的时尚 PARTY，那么各种高级别的国际会议就是这个城市的头脑风暴。从 2001 年 APEC 第三次高官会、2002 年的世界华商保险大会、2003 年的第五届亚欧部长会议、2005 年的 WTO 小型部长级会议，到 2007 年和 2009 年的世界经济论坛达沃斯夏季年会，大连的高级别国际级会议可以说持续不断且不断升级。名流云集，“财”智喷涌，大连借助高端国际会议实现了与世界的对话。

2011 年，世界经济论坛将重返大连。那些习惯于思考世界走向和人类未来的大人物，似乎对大连这座美丽的港口城市格外钟情，除了高水平的会议组织者、高素质的会议志愿者、完善的会议硬件设施之外，打动他们心灵的还有大连的城市环境。

大连的城市环境改造开始于上世纪 90 年代中期。大连的城市建设在解放前虽然有很多国际化的底色，但建国后很长一段时间，大连市作为需要支援全国的老工业基地，只能把资金主要用于发展港口和工业，城市建设的步伐显得滞后。市区烟囱林立，居民住房陈旧，路街黄土裸露，建筑多是火柴盒，那时的大连人眼睛里的城市是灰色的。

【采访】大连理工大学教授 孔宇航

80 年代初期我刚到大连，大连没有太多高层，当时中

国整个的背景是计划经济时代，当时的建筑也好，城市也好，相对来讲比较专业地说是国际主义风格，就是方盒子的建筑。90年代中期，我又从美国回到大连，因为发达国家城市建设相对比较成熟，从美国回到中国，看各个城市来讲，一方面环境没有到那样一个深度，建筑水准没有达到这个高水平。甚至到了90年代中期那个时候，就是在中国城市建设的概念当中还没有绿化和花园的这个概念。

改革开放以后，经过十几年的发展，大连走出去、请进来，经济形势和思想观念都发生了很大的变化。于是，在上世纪90年代中期，大连又展开了一场轰轰烈烈的环境革命，目的是把大连建成像新加坡那样的花园城市，让老百姓在华服美食的同时，也能诗意地栖居。

【采访】大连市规划局规划设计院原副院长 曹世法

我们大连就是随着改革开放形势的发展，在城市建设方面做了一些比较有突破性的工程项目和事情。当然比较突出的我想大家都应该知道，建设开发区的同时，我们打通了这个东北路。我们还可以想到大连的星海广场、星海湾，这个事情不光是大连人，就是外地人来过大连也会给他留下很深的印象。

开放的城市需要整洁的环境。针对当时机关、企事业单位和各居民区高墙大院、临建充斥、各自封闭的格局，政府提出了拆围墙、扒小房，打通空间，种花种草，还绿于民、美化亮化的概念，目的也是希望每一位市民通过空间和环境的改变，提高文明意识，实现思想层次的高度提升。

【采访1】大连市规划局规划设计院原副院长 曹世法

把原来习惯用的鸡窝、狗棚、小仓库、偏厦这一类东西扒掉，把单位的院内的绿化和城市道路之间隔离的围墙拆掉，做成栏杆。单位围墙里头的绿化，通过拆墙可以呈现在道路上，让所有路过的人看到，扩大了绿地面积，增加了总的绿地量。所以给城市的环境起了很大很大的一个改善作用。

【采访2】余秋雨

这种城市建设的优势，我想以城市美学的信号，惊醒了中国很多城市。北方城市很多，海滨城市也很多，如此产生了对美执著的追求的城市不多，而且从服装的美，最后扩大为整个城市的美，从服装节开始，一直到城市的景观，以至于打造城市的各个城市的市长们，首先要到大连参观一下，作为他们心中的范本，这个是大连对中国城市建设的一个重大贡献。

蓝天、绿地、鲜花和白鸽都不再只是西方人的专利和富人的独享，而通过自己双手建设出来的美丽家园，让这个城市的居民对其由衷的热爱和自豪，也产生了巨大的城市凝聚力、向心力，产生了不甘平庸、追求卓越的城市品格。

【采访】大连文化名人 杨道立

所以大连人常常感恩于生活，感恩于环境，感恩于他能够在海边寻找到自己的驻留地。这样一种爱的激情，所带来的生命的活力感，和不满足现状的求新求变求美的创造力，是这个城市应该给它提炼、放大，继续升华和凝聚的一种精神。

口岸的发展给经济腾飞插上了翅膀，开放的城市也给市民的精神文明素质提出了新的要求。2005 年，为庆祝大连市荣获首批全国文明城市称号而举办的大型电视晚会《文明的感动》，十位普通市民走向红地毯，他们的故事让无数观众热泪盈眶，感动的力量由此成为市民文明素质进步的见证。

【采访】中央电视台主持人 白岩松

我能够看到大连人，用爱做建筑材料，在精神世界里搭出的无形的高楼，他们将丈量出大连这座城市的真正高度。

从 2005 年开始，大连连续两次当选全国文明城市。2008 年，国家统计局进行全国 15 个副省级城市公共文明指数调查。在这项涉及城市公共环境、公共秩序、人际交往、公益行动四个方面的调查中，大连均排名第一。

【采访】中共大连市委党校教授 赵立成

这一百多年来我们大连人所形成的思想观念，我们的价值判断、行为方式，和大连是一个沿海城市，是一个港口城市，是一个开放城市，有重要关系。就是通过港口的建立和发展，通过港口一系列功能作用的发挥，使我们大连这个区域形成了与资源环境，与产业结构非常相适应的城市文化、地区精神——面向海洋、容纳百川，这样一种开放的精神。

不知从什么时候开始，大连的新人有了在公园景区拍婚纱照的习俗。这些美丽的风景、这些幸福的人们、这种氤氲的情愫，构成了这座城市的千般韵致万种风情。而那些高耸的岸壁吊车，迤逦的海岸线，则让人们看到这个城市的铮铮铁骨和坦坦胸襟！这是一座兼具力量与美丽的城市，这是一座兼具深思与豪情的城市，这是一座有吸纳和集聚能力、也有开拓和辐射能力的城市。

“给我一个支点，我就能撬起整个地球。”这是古希腊哲学家阿基米德的梦想，而对于大连来说，港口就是梦想开始的地方。年轻的大连，是中国史诗中的一段精彩篇章，是中国梦中一个激动人心的情节。生活在这片热土上的幸运的人们，正在通过自己的思索和创造告诉世界，他们无愧于这块土地、这片天空、这片海洋，也无愧于他们的先人和来者，无论航程上的风有多大，浪有多高，他们都会勇立潮头，一路高歌。

第七集 城市的脊梁(上)

大连,旅顺东港南部,黄金山北侧。一座由条石垒砌的船坞,在这里静卧了120年。这个当年被称为"东方第一大坞"的工业遗迹,宛如古罗马斗兽场一样壮观而凝重。每当海水汹涌而入,便仿佛有一扇历史的闸门轰然打开。

那是在19世纪80年代初期,在外国工程师的参与下,数千名中国工匠和长夫(农民工)操作当时欧洲最先进的大型机器设备,采用最先进的工艺流程,创造了这处19世纪的建筑奇迹。围绕旅顺大坞的建造,大连近代工业文明的大幕徐徐拉开,大连乃至东北的第一批产业工人登上了历史的舞台。

时光划过百年。每当回顾历史,我们都会发现,在大连城市发展史的每一个节点上,都流淌着世代工人留下的基因,不管是有形的建筑,还是无形的品格,工人的力量始终在助推城市的发展,他们是一支走在时代前列的钢铁队伍。

(一)

1840年至1860年间,两次鸦片战争的失败,促使清政府逐渐认识到加强海防建设已迫在眉睫,否则将国门不保。清光绪二年,也就是1876年的农历正月十八,一道《论旅顺布置》的奏折上达朝廷,北洋大臣李鸿章在奏折中力主设防旅顺,他说:"鸿章纵览北洋海岸水师扼要之所,惟旅顺口威海卫两处,进可以伐,退可以守,故修坞为至急至要之事。"

【采访1】海军大连舰艇学院教授 杜辉

当时,在晚清的洋务运动当中,北洋水师已经逐渐成军。1880年,清朝在德国订购的"定远"、"镇远"和"济远"等大型铁甲舰陆续到货。有军舰就要有修理的船坞,为改变"有鸟无笼"的被动局面,清政府最后决定在旅顺修建海军基地以及大型船坞,为此成立了旅顺工程局。

【采访2】中共大连市委宣传部原副部长 董志正

从1880年决定在旅顺、大连湾修筑北洋水师基地以后，就开始了建炮台，修拦水大坝，修旅顺大坞，整个工程就由旅顺工程局来完成。

那时的旅顺口，海面上汽笛鸣叫，厂房里机器轰鸣。这个曾经寂静的辽南天然良港，一时成为人声鼎沸的建设工地。作为整个工程重中之重的旅顺大坞，其全部石料均由山东跨海运来，采用白灰泥浆无缝凝结，平整而坚实。坞边为修船配套而建的锅炉厂、机器厂、木作厂、铜匠厂、铸铁厂、打铁厂、电灯厂等9座工厂相继落成，在这些工厂里，车、削、刨，钻、剪、钳等多工种一应俱全，已经达到了相当高的机械化水平。与此同时，这里也汇聚了来自河北、山东、天津、上海等地的技术工人。

【采访1】大连市史志办研究员 王万涛

当时中国处在农业经济时代，技术工人不是很多，船坞工程局就到上海、天津、山东这些地方招聘有一定技术专长的工人。

【采访2】大连工运史专家 刘功成

这一历史时期也是大连工人阶级队伍形成时期，第一代产业工人的形成时期，同时也是大连近代工业奠定基础的时期。

旅顺口濒临大洋，怒潮冲击，风浪滔滔，海上施工，难度极大。数千工人常常是身披冰凌，顶风冒雪，夜以继日地紧张施工。

1884年7月，一位叫陆昭爱的广东人来到旅顺，他的任务是组装船坞工程的关键设备——60吨大型汽力起重机器铁船。

【采访】大连工运史专家 刘功成

我们今天讲大连是装备制造业基地源头，应该说是从旅顺工程当中开始的。旅顺工程局从德国进口了60吨大型机器动力铁船，这个是当时世界范围先进水平。运到以后，旅顺工程局安排汉纳根帮办负责组装工作，汉纳根是陆军，他不懂，所以安装完全是由中国工程师陆昭爱一手主持完成的。

陆昭爱原籍广东，于19世纪80年代初留学德国伏耳铿船厂学习造船技术。回国后不避艰苦直抵旅顺，立志振兴中国的造船业。他对大型起重机器船的构造和组装“所言具有本末，条理秩如”，得到旅顺工程局总办袁保龄等官员的信任。他设计出船体合拢和锅炉、机器装配工艺图纸，顶着洋人帮办的干扰和清政府一些官僚的冷眼，督匠加工，现场指导。遗憾的是，大型汽力机器起重船最后虽装配成功，但陆昭爱却没能亲眼见到它在旅顺大坞的建设中发挥重要作用的那一天。

【采访】大连工运史专家 刘功成

（陆昭爱）半年时间在工地上没离开一步，指挥铁船组装锅炉装配，对这个重大工程做出了贡献，由于劳累过度加上水土不服，1885年正月初四病故在旅顺。

1889年，就在旅顺工程竣工的前一年，工程现场总指挥，港坞工程总办袁保龄，也因操劳过度而病故。在整个旅顺工程建设期间，数十位官员和工匠倒在工地上，有的连姓名都没有留下。他们用生命筑起了凝固的建筑，也为有着1万多年历史的古老旅顺口开启了新的时代。

随着旅顺北洋海军基地建设的展开，西方的机械和技术被大量地引进，旅顺由此得风气之先，进而在工业的众多领域成为东北乃至整个中国的开山鼻祖。

旅顺水师营三八里村，茂密的树丛中，龙引泉石碑已在这里静静地矗立了一个多世纪。100多年前，这里曾有数眼泉水，水质甘洌，水声潺潺。1879年，为了解决旅顺军民的吃水问题，李鸿章派人“凿石引泉”，投入巨资将“龙引泉”水引入旅顺市内，到1888年工程完工时，共凿井18眼，安装机泵18台，砌筑隧道728米，敷设铸铁管6180米，建蓄水池，配水池各一座，使日供水达到1500立方米，解决了当地2万多军民的生活用水。

【采访】旅顺日俄监狱旧址博物馆陈列部部长

周爱民

旅顺是咱们中国最早使用自来水的城市之一。在这个过程当中出现了自来水工人，根据当时的生产力情况，整个设施情况，咱们大连早期自来水工人大约有100人，这也是咱们中国最早出现的自来水工人。

龙引泉石碑旁边这个平房的下面，就是龙引泉的集水塘，沿着阶梯走下去，在黯淡的灯光下，已看不到昔日“其水甚旺，历旱不涸”的景象。

【采访】大连自来水集团公司龙引泉班组长 于风长

我 1980 年进厂的时候，这块儿还能看到三个这么粗的泉眼。

1979 年，龙引泉的水停止流淌。巧合的是，从龙引泉 1879 年开发建设到 1979 年停用，正好经历了 100 年的沧桑岁月。“饮水思源”，龙引泉已完成了它的历史使命，但在今天，它作为中国城市供水事业的源头，仍在接受着后人的膜拜。

在营建旅顺北洋水师基地的同时，清政府还在这里设置了工程局、白玉山水陆军械总局、鱼雷局、煤场、药局、电信局等数十个机关。旅顺大坞边上，甚至亮起了电灯，这是大连城市史上最早的灯光。

【采访】大连工运史专家 刘功成

电力工人产生也比较早，大体是在 19 世纪 80 年代中期，旅顺工程已经使用电力照明，46 座电灯，有一个电灯厂。电灯需要发电配电线路维修，就产生了最早的一批电力工人。

斗转星移，物是人非，100 多年过去了，今天大连的史学家们仍在繁华的都市中努力寻找着当年历史的蛛丝马迹。旅顺东新街旁的这处不起眼的二层职工宿舍楼，就引起了旅顺地方史专家周祥令的注意。

【采访】历史学者 周祥令

电报局当时在旅顺设置在哪？通过走访找到位老人，他是听他父亲讲电报局在这儿。我考察以后发现底下这段建筑保持原样，上面是后加的。以后我又查了资料，在旅顺港史里，有一幅图，这图比较早，是 1894 年中日甲午战争时期的。这个图表明在大坞的东门外就是电报局，根据这个资料，我就确定这是清朝的电报局。

如今，老楼已经破旧，但置身楼前，我们仿佛还能听到当年东北的第一批电信工人在这里收发电报、传递军情。

从1880年到1890年，历时十年，旅顺工程包括旅顺港、旅顺大坞、厂房以及水电等附属公共设施全部竣工。旅顺军港由此成为当时世界的五大军港之一，旅顺船坞更是中国最早使用现代化水电设施的工厂。

【采访1】大连工运史专家 刘功成

当时清政府从洋务运动开始到结束，30年一共建立了34个军事工程，其中有五大军事工程，大连这个船坞厂房机器设备投资名列第三，它仅次于上海机器制造总局和福州船厂的投资，说明旅顺船坞建设起点非常高。

【采访2】大连市史志办研究员 王万涛

在当时西方科学先进的国家看来，可能是微不足道，然而对当时科学技术落后的中国而言，能有此成就，不能不说难能可贵。

船坞建成后，北洋水师7300吨级的"定远"、"镇远"及其他舰船先后入坞维修船体，刮锈刷漆，更换修理各种机器部件等。这是大连地区近代机器制造业肇兴之始。继自来水工人之后，旅大地区最早的近代建筑工人、机器船舶操纵和维修工人、机器窑业工人、电力和电信工人以及机器操作、装配、修理工人等等纷纷出现，到1894年11月旅顺被日军攻占前夕，他们作为旅大地区的第一代产业工人，总数已达到3000余人。

大连的第一代产业工人踩出旅顺近代城市的第一行脚印，在机器轰鸣中跨越了简单协作和工场手工业的生产方式，与当时社会普遍存在的自给自足小农经济模式相比，他们无疑代表了大连地区历史发展的先进方向。在他们的汗水和创造下，甲午战争之前的旅顺已经成为东北地区受洋务新政影响最多和接受西方近代技术与文化最早的地方。英国船员詹姆斯·艾伦曾记述他在旅顺的见闻："市内干净、整齐，有两家大剧场、一些银号和旅店。较之天津，旅顺口建设得要好得多。"

【采访1】大连工运史专家 刘功成

由于和大机器生产相连，使用当时世界上最先进的设备，这一批工人素质比较高，到大连历史很短，但是在原地，包括在广东和上海，经过了比较长时期和大机器生产联系，具备了优秀工人品质。

【采访2】大连市史志办研究员 王万涛

这部分人既是这座工程的建设者，也是这段历史的见证者，同时也是我们大连地区最早的城市居民，他们的到来对大连整体人口素质的提高具有重要的历史意义。

【采访3】中共大连市委党校教授 张道航

第一代产业工人，由于进行的是国防建设，与生俱来的就有爱国主义和民族精神。

1894年，中日甲午战争爆发，旅顺工人立即以各种方式投入战斗，他们为清军装卸物资，修理船只。据旅顺港史记载，1894年9月，黄海大海战之后，北洋水师镇远号中弹200多处，另有多艘军舰也伤痕累累，不得不返回旅顺抢修。

【采访】大连工运史专家 刘功成

旅顺船坞工人包括从天津赶来的铜匠一起奋斗。船坞工人发挥了战斗精神，在冰冷的海水里，抢修这些军舰。

1894年11月21日傍晚，日军攻陷清政府"经营凡十有六年，糜巨金千万两，船坞、炮台、军储冠北洋"的旅顺口，随即开始了血腥大屠杀。在这场大悲剧当中，大连第一代产业工人也没有能够幸免，他们当中有很多人没有留下后代，没有留下照片，甚至没有留下名字，就在一场异族的屠杀中永远地消失在了历史的惊涛骇浪之中。

假如没有后来的战争和侵略，那么大连的第一批产业工人会带给我们什么样的建设和创造？有"东方直布罗陀"之称的旅顺口又会以怎样的面貌出现在今天人们的面前呢？这不是一个简单的假设，它是大连人民心头难以抚平的伤口，是留给历史的沉重情殇！

（二）

2008年，大连现代博物馆副馆长姜晔和她的同事们接到了一个任务——对大连的工业遗产进行首次大规模普查。这是一项艰苦而又细致的工作。在三个多月的时间里，他们跑遍了大连的大小企业，一个厂房，一座仓库，一件设备，一捆尘封的档案，在这些调查者的眼中都是鲜活的城市记忆。

【采访】大连现代博物馆副馆长 副研究员 姜晔

大连的工业历史比较悠久，有着较为雄厚的工业基础，因此留下比较多的近现代工业遗存。工业遗产已经成为阅读大连城市的重要依托，调查认定保留这些具有工业价值特点的遗产，可以继承我们大连城市文化品位、维护大连风貌，保持生机勃勃的地方特色。

这里是沙河口净水厂，两座红砖蓝瓦的建筑格外引人注目。建成于1932年的“急速滤过室”和“供水泵站”旧址，至今保护完好，净化水管道、阀门及整套过滤水设施都还保持着原状。

【采访1】大连自来水集团有限公司

沙河口净水分公司经理 王民彦

日本殖民统治时期每天供水1.5万吨，后来进行改造，达到了每天3万吨。经过我们深入处理，更换滤池，每天供水达到7万吨，一直用到2001年。

【采访2】大连自来水集团有限公司董事长 姜雄城

大连城市供水又是中国近代城市供水发源地，到今年是131年历史，如何把不同时期的水的变化和发展展现给市民，教育人民如何爱惜水、珍惜水，想建个博物馆。不能拆，拆了就没有了。

这是始建于1933年的大化合成车间，在1万平方米的厂房内，非常难得地保留有日本殖民统治时期使用的循环机，苏联援建时使用的压缩机，我国接管后自行设计、制造的中国第一台压缩机以及上世纪80年代引进的日本产氮气压缩机等30多台大型机器设备，置身其中，仿佛像是在浏览一部近现代的中国化工史。

【采访】大连现代博物馆副馆长 副研究员 姜晔

我印象比较深的就是到了大化合成车间，我就感觉盛夏光线从屋顶洒到车间，洒到设备上，给我一种心灵上的震撼。

让姜晔遗憾的是，这里已废弃多年，正面临被拆迁的命运。

【采访】大连现代博物馆副馆长 副研究员 姜晔

因为合成车间近期要拆除，我们征集两台机器设备。一台是日本殖民时期循环机，还有一台是周恩来总理视察过的第一台空气压缩机。这两台设备大化集团已经无偿捐赠给大连现代博物馆。

当历史的车轮转到今天，还有多少带有时代烙印的工业遗产散落在城市的角落？又有多少贴有城市标签的工业遗产在向后人展示着曾经的辉煌？

【采访】大连现代博物馆副馆长 副研究员 姜晔

大连工业遗产有三个特点，一是工业遗产丰富，像有机械工业、纺织工业；二是殖民工业遗产占比重大，现在很多大型企业前身都能追溯到日俄殖民统治时期；三是重工业遗产占主体地位。

19 世纪末，在帝国主义列强瓜分中国的狂潮中，旅大先后被置于沙皇俄国和日本的统治之下长达近半个世纪，洋务运动时期萌芽的大连工业从此被深深烙上了殖民的印记。

1898 年 3 月 27 日，沙皇俄国与清政府签署《旅大租地条约》，强占旅大，企图将旅大变成沙俄在远东的出海口和军事重镇并永久霸占。他们一方面把旅顺作为太平洋舰队的基地来经营，另一方面，在大连湾西南岸边即青泥洼一带规划建设新的港口和城市。随着沙俄建港工程的展开，十多万来自关内的劳动力进入大连，大连的第二代产业工人队伍开始在“旅大租借地”内形成。

【采访 1】大连工运史专家 刘功成

大连第二批产业工人的具体情况和第一批产业工人有相似之处也有不同之处，相似之处仍然是从祖国的四面八方聚拢过来的，不是本地的。工业化发展自然进程的不同之处（在于），这批产业工人大量的是港口建设建筑工人。

【采访 2】大连市史志办研究员 王万涛

1901 年到 1903 年期间统计，男女比例是 7∶1 左右，主要原因是沙俄招聘来的工人多数是青壮年的男性，基本没有女性，这样就势必造成人口比例的严重失调，有时候能达到8∶1左右。

1898年9月28日，大连港一期工程正式开工后，4万多名建港工人在沙俄监工的强迫下昼夜施工。他们中间流传着一首歌谣：“到了青泥洼，老毛子当家。劈山填大海，命在风中刮。码头高一尺，工人得死仨。若想回老家，得把毛子剐。”

中国工人经过近7年的艰辛劳作，用血肉之躯建起了大连港和大连市。东清铁路正式运行，使大连成为沟通欧亚大陆的交通枢纽，近代交通运输业、工业、商业、金融业和电信业等也都纷纷兴起，使大连市街的繁荣程度超过了第一代产业工人建设起来的旅顺，大连从此成为辽东半岛南部工商业中心。

因修路筑港和兴建城市等直接需要，一些企业也兴办起来。1898年6月10日，大连造船厂的前身利斯工厂诞生。1899年9月28日，东清铁路机车制造所开始兴建，这一天便成了大连机车厂的建厂日。1903年，当时大连最大的铸铁厂建成，有职工近700人。据统计，到1902年，旅大租借地已有近代制造业企业139家，年产值749000卢布。其中木工厂24家，砖瓦厂也多达17家，这是沙俄大兴土木直接促成的。值得注意的是还有矿泉水制造厂3家，而且年产值高达80000卢布，这在当时全中国也是极少见的。

【采访】大连市史志办研究员 王万涛

沙俄统治大连时间比较短，工业主要集中在现在胜利桥一带，比方说船厂、火车修理厂，主要集中在这个地区，但是规模不是很大，当时主要是以修理为主。

1904年，日俄战争的爆发打断了沙俄对大连的规划，也使大连的第二代产业工人与这座城市一道，再一次陷入了悲惨的命运。

【采访】大连工运史专家 刘功成

日本人抓到中国人说你是奸细砍掉，沙俄说你是日本的奸细吊死，许多工厂在这期间也破产，停产，整顿。第二批产业工人到日俄战争结束时基本上散失殆尽。

1905年，日本窃取旅大，将这里作为推行其侵略中国“大陆政策”的桥头堡，要使这个桥头堡稳固，必须建立雄厚的经济基础，开发大连的工业就显得极为重要。于是，

带有强烈殖民色彩的大连工业在这一时期取得了快速发展。

【采访】大连市史志办研究员 王万涛

一个是建设的工厂企业门类比较齐全，机械、化工、冶金、石油、建材、轻工纺织、盐业等等，行业比较齐全；另一个是工厂建设时间比较集中，主要是从一九零六年到一九贰几年左右，十四五年的时间就建了上百个工厂。

许多今天我们耳熟能详的企业都可以在上世纪那段殖民的岁月里追溯到最初的源头。

1907年2月，日清制油株式会社大连工厂开业。（大连油脂化学工业总厂前身）

1907年5月，小野田洋灰株式会社在大连北部泡崖子建立工厂。（大连水泥厂前身）

1907年7月，日本人小田切寿丰开办了大连铁工所。（大连橡塑机厂前身）

1909年，满洲水产株式会社建立。（大连海洋渔业公司前身）

1912年10月，大华窑业株式会社建立。（大连电磁厂前身）

1913年，森川造酒厂成立。（大连酒厂前身）

1914年，大连铁工厂建立。（大连重型机器厂前身）

1917年，在荣町创办南满洲窑业试验工厂。（大连玻璃厂和大连玻璃制品厂前身）

1918年，在荣町二番地建立大华电气冶金株式会社。（大连钢厂前身）

1919年，满洲制麻株式会社成立。（大连麻纺织厂前身）

1923年4月，内外棉株式会社金州支店成立。（金州纺织厂前身）

从1908年到1943年，大连工厂数量由77家增至1825家，增加了23倍；产值由270万日元增至6.13亿日元，增加了225倍。

【采访1】大连工运史专家 刘功成

日本统治大连以后，从1908年把机车厂从火车站东面搬到现在沙河口，这个大的企业搬迁逐步带动了南沙河口发展，所以20年代形成南沙工业区，30年代又建立了甘井子工业区。

【采访2】大连市史志办研究员 王万涛

当时选择大连建这么多工厂的目的就是因为大连是港口城市，利用掠夺的东北地区廉价的资源，利用大连廉价的劳动力，生产的产品通过港口就运走了，极大地降低了他的成本。

有人把大连殖民工业的发展与日本的军事侵略比喻成同一架马车的两个轮子。军事侵略为殖民工业的发展开拓空间；而殖民工业的发展又为军事侵略提供装备和物质保障。

【采访】海军大连舰艇学院教授 杜辉

大连殖民工业还有一个特点，就是殖民者在工业资本方面的垄断和独占。俄国占领的时候，俄国资本占有垄断地位，到了日本殖民时期，更为明显，从1916年开始，日本资本就占到了当地总资本的92%以上，最高的时候达到了96%。其中铁路机车车辆、船舶、瓦斯电气、特殊钢及新兴的重化工业等的制造与生产完全为日本资本所独占。

日本殖民统治大连期间，大连的第三代产业工人在城市和工业的恢复发展中迅速集结，由日本统治初期的不足千人，至20世纪30年代最多发展到30余万人，他们大部分是从关内移民而来，有的是具备一技之长的技术工人，也有关内破产的农民。

【采访1】大连市企业文化研究会会长 钟祥斌

工人是从山东、河北骗来的，招工广告写的是"儿在大连，不用挂念，码头干活，楼上吃饭，三顿卷子，四顿稀饭"。

【采访2】中共大连市委党校教授 张道航

干的是牛马活，吃的是猪狗食。大连工人的境遇是非常悲惨的。

今天的我们很难想象，身为亡国奴的那一代产业工人在政治上受着日本殖民统治者怎样的压迫，在经济上又遭受着资本家怎样的剥削。他们每天从事繁重的劳动10~14小时，平均工资仅为同等日本工人的1/7到1/4，终日不得温饱，被称为"苦力"。但由于他们与机器大生产相结合，加上一开始就具有高度集中的特点，因而具有很强的组织性和斗争性。正如马克思、恩格斯在《共产党宣言》中所说："无产阶级反对资产阶级的斗争是和它的存在同时开始的。"

最早见诸报端的大连工人罢工斗争发生在 1904 年 2 月，日俄战争爆发后，俄军强迫中国工人加班加点抢修被日本舰队突袭旅顺口而遭到重创的军舰，却停发工人工资，每天的食物也只是几片发了霉的黑面包，于是旅顺海军修理厂的 2000 多名中国工人举行了大罢工，遭到俄军的开枪镇压，罢工工人毫无惧色，英勇搏斗，60 余人壮烈牺牲，大批工人被捕。

【采访】中共大连市委宣传部原副部长 董志正

1904 年 3 月 3 日中国爱国教育家蔡元培就在上海《警钟日报》。上发表了一篇文章，披露这个事情，引起国内震动，引起国外的强烈反响。

在日本统治大连期间，罢工斗争更是没有停止过。仅 1919 年，成规模罢工就达到 55 次，参加者近 1.5 万人次。

【采访】大连市史志办研究员 王万涛

多数的罢工斗争都取得了胜利，或者取得了一定程度的胜利，打击了日本资本家。工人阶级为了组织起来，成立了工会组织，一开始分散的，各个工厂都有工会，后来就变成全市性的综合性的工会组织，这样，工人阶级的力量就更大了。

黄河路 658 号，一座中式二层红砖楼房，在车水马龙的黄河路旁，在一栋栋颇具现代商业气息的建筑群中，显得格外引人注目。这座沉淀着历史记忆的建筑，就是中国北方地区最早的工人运动团体——大连中华工学会的旧址。

【采访】大连早期工人运动领导人 唐韵超

日本人不让成立工会，我们就起名叫中华工学会。当年穷苦工人就是在这里形成了团体。

1923 年 12 月 2 日中华工学会的成立，标志着大连地区的工人运动进入了一个有组织有领导的阶段。工学会在发展过程中,得到了党组织的关怀和帮助。1924 年夏,共产党员、中国工人运动领袖邓中夏来大连视察,指导大连的工人运动。这一时期,全市工会会员发展到近 5000 人。

1925 年,中华工学会会长傅景阳加入中国共产党,成为大连地区最早的共产党员。

1926 年 1 月 15 日正式组建了以杨志云为书记的中国共产党大连特别支部。党员除傅景阳外,还有董秀峰、王少坡等 8 名同志,从此,大连有了中国共产党的地方组织。

【采访 1】中共大连市委党校教授 张道航

大连的党的队伍首先是在工人队伍中建立起来。这些党员当中,绝大多数都是工人。原因是产业工人数量多而集中,觉悟较高,有很强烈的革命性。中国共产党大连特别支部的建立,加强了对大连的工人运动和各界人民的反帝爱国活动的领导,大连地区革命斗争形势出现了新局面。

【采访 2】中共大连市委宣传部原副部长 董志正

有马克思列宁主义传播进来了,有进步的刊物和报纸了,这样就影响和教育他们,使他们提高了觉悟,懂得团结和组织起来的重要性,也有了明确的奋斗目标,从经济斗争逐渐转为政治斗争,这是大连工人运动史上最辉煌的年代。

1925 年 5 月 30 日,上海发生“五卅”惨案,消息传到大连,群情激奋,大连成立了以工人为主体的“大连沪案后援会”。他们募捐、罢工,声援上海同胞。身处殖民地的大连人民与祖国同胞血肉相连。

【采访】中共大连市委宣传部原副部长 董志正

声援五卅运动,组织万人大游行,不都是工人,还有商人、市民、学生,甚至郊区的农民,这对提升大家的觉悟很有好处。提出打倒帝国主义的口号,提出不做亡国奴,这样对提升民族精神很有必要。

1925 年 6 月初,大连中华印刷职工联合会委员长赵悟尘根据共青团大连特支的决定,发动全市印刷工人罢工,迫使日本资本家废除了不合理的开支规定,把徒工的工资提高到每日三角钱。

1926 年 4 月 27 日,在中共大连地委和中华工学会的领导下,1000多名中国工人又发动了震惊中外的福纺大罢工。罢工工人提出了六项条件:第一,不准打骂和虐待工人;第二,准许孩子妈妈在工间给孩子喂奶;第三,增加工资三分之一,不许涨饭费;第四,每两周有一个公休日,公休日干活发双倍工资;第五,缩短劳动时间,每天以10小时为限;第六,对内宿工人降低房租,不拿电灯费,对外宿工人发补助金。从这六项条件中,我们不难想象当时工人的处境是何等的艰难。

【采访1】大连市史志办研究员 王万涛

工人阶级是这个城市的主体,他们都是每个居民家中的顶梁柱,或者是家里主要的男人,儿子或者父子同在那个工厂,他们的行动、罢工斗争等等的一些活动,实际上是和家属同步的,他们的心是在一起的,当时工人阶级罢工的同时,几乎是全民性的,没有工作的老百姓家属也起来了。

【采访2】原大连纺织厂党委宣传部部长 罗虎堂

还得到了全国各地的支援。

上海、天津、广州、香港等地总工会,中华全国铁路总工会纷纷发表宣言,声援福纺工人大罢工。连续3个多月的罢工,给日本殖民当局以沉重打击。特别是中华全国总工会宣布将在全国范围内抵制日货的消息后,日本殖民当局和财团被迫答应了工人们的要求,持续整整100天的罢工取得了最后的胜利。50年后,曾参加过1926年福纺大罢工的领导和骨干们在中华工学会的旧址前相聚重逢,当激昂的中华工学会会歌再次响起,带给人们的是无限感慨。

在俄日殖民统治大连半个多世纪的时间里,大连工人阶级不但是创造物质财富的主力军,更成为城市精神的引领者。

“爱国反帝,自强不息,坚忍不拔,勇往直前”,成为大连工人运动的主旋律,也是大连那个时期城市精神的真实写照。在同日本殖民者推行的“同化教育”、“奴化教育”和残暴统治的斗争中,唤起了无数大连人的觉醒,终于迎来了抗战的胜利和大连的解放。

(三)

1945年8月15日,临近中午的太阳依旧那么明亮、炽热。然而，一个号称“太阳之国”的东方帝国即将走向溃败。正午12点，一道颤抖的哀鸣从大连中央放送局扩音器中发出……

听懂日语广播的大连市民走向街头，奔走相告：“日本宣布投降了！”“中国人出头的日子来到了！”

历史性的一刻带给大连人的是喜悦，是热血沸腾，是乌云开始消散第一缕阳光照射下来的温暖。1945年8月22日，苏联红军进驻大连，第二天，原大连地下党部分负责人和中华工学会的同志就集合起来，决定举起工会大旗，把全市20万工人组织起来。工会组织7000多人的纠察队，深入工厂，与维持会的“保安队”斗争，保护工厂机器设备免遭破坏，为日后恢复生产、支援解放战争创造了条件。随后，中国共产党派出大批干部进入大连，大连成为第三次国内革命战争时期的特殊解放区。

【采访1】中共大连市委宣传部原副部长 董志正

大连的特殊，是由于苏军驻在大连，国民党进不来，而且这个地方虽然党没公开，但是苏联红军是支持我们党工作的。

【采访2】时任中共大连市委书记 韩光

1945年，我来到大连，党要求把大连作为全国解放的人力、物力、财力基地。

1945年10月中旬，韩光受中共中央东北局的派遣，到大连秘密组建中共大连市工委，11月初，改称中共大连市委，第一届市委由9人组成。市委成立后，支援前线的工作随即展开。

【采访】海军大连舰艇学院教授 杜辉

谈到解放战争，我们都有一个印象：解放军依靠“小米加步枪”打败了美式飞机大炮武装的国民党军队。事实上，“小米加步枪”只是解放军以劣势装备战胜优势装备之敌的一个比喻。解放战争，大规模运动战、防御战、城市攻坚战，靠“小米加步枪”显然不够，我们一定要有重武器。当时，朱德总司令签发电报，要求“各战区速派干部携带资金到大连筹备兵工生产事宜”。

当时关内各解放区的兵工厂条件都极为简陋，没有高炉，没有机床，基本上都是“土法上马”。而大连作为当时中国屈指可数的工业中心，有雄厚的工业基础，有熟练的技术工人，因而成为建立军工基地的不二选择。从1945年开始，中共中央从延安、华东派遣400多名军工干部秘密进入大连，接管了一批日本人遗留的企业，组建了我军历史上第一个大型现代化的兵工联合企业——建新公司。

【采访】海军大连舰艇学院教授 杜辉

建新公司规模很大，有近万人。主要生产炮弹、引信、无烟火药、迫击炮等解放战争急需的军用物资。后来的五二三厂、大化、大重、大钢、橡塑机等国企的前身都包含在内。像大化生产火药，大钢生产造炮弹的钢材，大重生产炮弹弹体，大橡塑当时制作了近万个炮弹箱、弹药箱。

解放战争期间，50多万发炮弹，80多万枚引信，24万多只雷管，1400多门迫击炮，450余吨无烟火药从大连源源不断运出，绝大部分经海路越过国民党军队的封锁，送到山东半岛东端俚岛的我军物资接运站，再由山东支前大军的成百上千辆小推车运到前沿兵站。解放军有了充足的炮弹，战斗力也由此发生了质的变化。

1948年末至1949年初，一场震惊世界的血战在兵家必争之地的徐州周边爆发，在这场决定国家和民族命运未来走向的大决战中，国民党军投入兵力80万人，由中国共产党指挥的中野和华野两大野战军投入兵力60万人。结局是，60万战胜了80万，创造了世界军事史上的奇迹。

1948年12月，华东野战军司令员陈毅亲笔写信，对中共旅大地委和旅大工人阶级对华东战场的支援表示感谢。副司令员粟裕更说了一句令大连人倍感自豪的话："华东的解放，特别是淮海战役的胜利，离不开山东民工的小推车和大连生产的大炮弹。"

【采访1】大连工运史专家 刘功成

淮海战役使用了大连工人制造的20万发炮弹。

【采访2】海军大连舰艇学院教授 杜辉

大连生产的炮弹质量很好，没有一发臭弹哑弹。1949年生产了12.5万发炮弹，本来这一年可以多生产10万发左右，但因战场上国民党军队全线崩溃，我人民解放军势如破竹，胜利在握，遵照总部的指示，因无贮存炮弹的仓库，只好减产。

【采访3】大连工运史专家 刘功成

解放战争后期大连实际上成为人民解放战争重要物资基地——内地需要什么，我们支援什么；人民解放战争需要什么，我们支援什么。

【采访4】中共大连市委党校教授 张道航

除了大炮弹，还有机车、铁船（壳）、军服、军鞋、喝水的搪瓷缸、发报机、发电机。可以说，大连工业为新中国的建立做出了巨大的贡献。

钢铁的后方，钢铁的人。大连的支前成果是在异常艰苦的条件下取得的。日本投降前夕，大连的大部分工厂处于停产状态，工人大量失业。到了1946年，国民党对大连实行海陆封锁，粮食和工业原料运不进来，工厂无法开工，社会上到处聚集着处于饥饿状态的失业人群。面对这种局面，中共大连市委提出了“发展生产，安定民生”的口号，大连的工人阶级再一次展现出他们的组织性和战斗力，在党委和工会的领导下，高效地运转起来。

【采访1】吴运铎夫人 陆平

那个时候大连的工人能吃苦，爱国思想强，他们不分昼夜地干，一点苦也不诉，他们都吃什么东西，都是二等棒子面。海里面的海菜、海草，放在锅里煮。

【采访2】中共大连市委宣传部原副部长 董志正

中国的工人在日本沙俄统治时期，是受奴役的，是地位最低的，但是解放以后，他们利用所学到的技术自己当家做主人，一改原来的精神面貌，就爆发出他们自己的创新能力，所以大连在日本投降之后恢复地比较快，就是这个道理。

支撑起钢铁后方的有汗水，也有鲜血乃至生命。

1947年9月23日，建新公司的实弹试验场。炮弹厂厂长吴屏周和引信厂厂长吴运铎一起动手进行炮弹试验。当试到第七发炮弹时，几经引爆炮弹都没有爆炸，两个人为了弄清原因争相赶上前去检查。

【采访】原国营大连五二三厂厂长 杨成忠

吴屏周就去看炮弹为什么不响，吴屏周在前面走，吴运铎在后面，炮弹炸了，吴屏周牺牲了，吴运铎眼睛受

伤了。

身负重伤的吴运铎那一年30岁，这位被称为中国“保尔·柯察金”的兵工专家，在生产与研制武器弹药中多次负伤，先后做过20余次手术，直到1991年5月2日病逝，身上还留有几十处弹片没有取出。吴屏周牺牲时年仅32岁，“山霞千古存浩气，海啸朝夕慰英灵”。1998年8月，中共大连市委、大连市人民政府为吴屏周烈士建立塑像。人们不会忘记英雄！

尾 声

从旅顺大坞的机器轰鸣到解放战争的隆隆炮声，历史在不经意间流淌过半个多世纪。今天，当我们说大连是一座传统的工业城市，我们会发现是技术工人最早带来了工业文明的气息，从诞生到壮大，他们和脚下的土地一起走过了崛起、悲壮、屈辱、重生的曲折历程。他们用血汗甚至生命建起了工厂和城市；面对殖民统治，他们忍辱负重，勇于抗争，最早接受了共产主义思想；当城市重获新生，他们迸发出高涨的革命热情，在新中国诞生的功劳簿里写下了重重的一笔，成为那个时代的楷模。工业化带来城市化，在大生产中磨砺、锻造出的工人精神，早已熔铸在城市的魂魄里，他们钢铁般的意志和无私奉献的热情、高度的纪律性和自觉的创造性，引领着广大市民的价值观念和文化认同，托举起了一座城市的精神脊梁！

第八集 城市的脊梁(下)

这段珍贵的影像,展现的是1949年9月新中国成立前夕,大连工业展览会的盛况。这次历时两个月的展览会吸引了30多万来自全国各地的参观者。

那时,解放战争已进入尾声,获得新生的土地还在医治战争创伤,百废待举,百业待兴。而大连由于其特殊解放区的历史地位,在其他地区战乱频仍的时候,幸运地获得了近四年的恢复和发展,工业生产面貌一新。在这样的形势下,中共旅大区党委决定,举办大连工业博览会,时任中共旅大区党委书记欧阳钦这样说明展览会的意义:"这就是毛主席所说的'我们不但善于破坏一个旧世界,我们还将善于建设一个新世界'真理的体现。"

【采访1】大连市档案局编研处副处长 李文鹏

选址在大连市最好的一个位置,就是中山广场南侧那个位置,一共办了17个展馆,把包括铁轨呀、生产的锅炉呀,那些大的东西都搬去了。

【采访2】大连工运史专家 刘功成

全国四十多个代表团,上海、北京、天津、南京都来参观。他们对大连的工业建设一致称赞,说它是新中国工业建设典范。

就在展览会举办期间,中华人民共和国成立了。这座工业城市在走过半个多世纪的屈辱和抗争之后,用最能体现城市实力的工业展览会,向新中国献礼。从那时起,在建设新中国的征途上,大连工业始终屹立在时代潮头,以无数个精彩的"第一",夯筑起共和国工业长子的基石,成为新时代的城市脊梁。

(一)

这位老人叫赵澳南,今年77岁,是原大连机车车辆厂的总工程师,虽说已退休多年,但他至今仍放不下与机车的不解情缘。

【采访】原大连机车车辆厂总工程师 赵澳南

今天我们的车叫和谐型，我们最早研制的蒸汽机车叫和平型，50 多年了，从和平型跑到了和谐型。

“和平”，“和谐”，机车型号的变化体现了不同时代人们的不同追求，对于机车工业本身来说，也演绎了新中国从零起步，跨越万道雄关的拼搏创新之路。

【采访】原大连机车车辆厂总工程师 赵澳南

解放前我们国家机车制造行业可以说等于零，机车哪来的？那都是从国外来的，日本、美国、英国什么都有。所以中国铁路有万国机车博览会的称号，什么国家的车在中国都能看到。

日本殖民统治时期，大连机车厂被称为满铁沙河口铁道工厂，以修理蒸汽机车为主，技术工作几乎全部由日本人把持。1945 年，在工厂 613 名技术人员当中，只有两名中国人。日本投降前后，工厂内的设施遭到了严重破坏，以至于日本人撤离工厂时留下了一句话：这里将来只能种高粱。在这样艰苦的条件下，工厂创办技术学校，培养自己的技术工人，克服困难修复设备和生产线，到 1948 年，工厂终于恢复了生产，他们修理好的蒸汽机车源源不断地开往前线，支援了全国的解放战争。那时候，弥漫在工厂里的是产业工人炽热的报国情怀。

【采访】原大连机车车辆厂二车间工段长 刘国荣

那时候就是各方面都鼓舞自己好好地干。有时候干到晚了没有电车了，就从机车厂往家里走，一走就是两个小时。又困又乏又累，坐在小墙根上，就睡了，睡一觉起来再回家。

为了发展铁路事业，铁道部于 1953 年决定研制中国自己的蒸汽机车，这项重大的国家任务就交给了大连机车厂。当时在铁道部机车设计科工作的赵澳南和他的同事们很快便接到命令：到大连去，搞出一台蒸汽机车。

【采访 1】原大连机车车辆厂总工程师 赵澳南

我们国家 1953 年要求大学生提前毕业，我们课程压缩到三年。第一个五年计划需要机车设计制造，我们的人员就集中到这,当时我们离开北京去大连的时候,我们把桌椅板凳都带过来了。

【采访2】原大连机车车辆厂技改办主任 姚敏之

听到我们国家要自己设计蒸汽机车,大家都非常兴奋,为祖国争光。

工业发展离不开技术和人才,在日本殖民统治时期,大连的技术人员,差不多都是日本人。1945 年日本投降之后,这些日本技术人员陆续被遣返回国,因此,专业技术人员的缺乏成为制约大连工业发展的一个瓶颈。

【采访】中国工程院院士 大连理工大学教授 王众托

当时的市政府,一个方面从外地,特别是从关里聘请了一些技术人员跟专业管理人员,特别是一些中高层的管理人员,另外一个方面,就是通过中央政府分配了很多大学生来,因此在五六十年代,有相当一批人来大连,包括招聘的、分配的,以及本地成长的人才,就成为后来大连工业发展的骨干力量。

当年 24 岁的赵澳南、26 岁的姚敏之都在风华正茂之年来到大连,他们要造一台"争气"机车,争口气的"争气"。

【采访】原大连机车车辆厂总工程师 赵澳南

我们就得有这个劲,自己没这个劲哪行?我们自己设计,自己摸索。我们是白天黑夜,晚上 12 点回去,第二天早上又来了。工人等着要图纸,当时情况是不容易的。

经过一年零八个月的日夜奋战,全电焊锅炉、铸钢汽缸、密闭式司机室、混合式给水预热装置、加煤机、风动摇炉器,一道道技术难题啃下来,一个个部件造出来,1956 年 9 月 18 日,我国自行设计制造的大功率和平型蒸汽机车终于下线了。它以撼人的气魄,吞云吐雾,驰骋祖国万里河山。

【采访1】原大连机车车辆厂技改办主任 姚敏之

这台车的水平应该说当时是在世界比较先进的水平,整个机车热效率达到 9.33%,国际水平也就是九点几。

【采访2】原大连机车车辆厂总工程师 赵澳南

功率大,我们要的是功率大,货运,特别是在济南炒米店，坡道大，一般车拉不上去，得用两个车头一个推一个拉。用我们和平型一个车就上去了。

机车定型后，大连机车厂将和平型蒸汽机车的图纸转给大同等兄弟工厂生产。1966年该车型改名为带有时代烙印的“反帝”型，1971年又定名为前进型，取自“革命是人类历史前进的火车头”这句当时的流行口号。到1988年12月停产为止，全国共生产包括和平、反帝、前进3种名称的此类型机车4714台，接近全国制造的蒸汽机车总数的一半，其产量为世界蒸汽机车单一型号之最。

在和平型蒸汽机车研制成功两年后，大连机车厂又成功自行设计制造出我国第一台巨龙型内燃机车，填补了我国机车工业的另一项空白。大连机车厂，成为中国的“机车摇篮”。

【采访】中共大连市委党校教授 张道航

新中国百废待兴，急需各类产品、装备，像机车、船舶、轴承、机械等等。这些关乎国计民生的东西如果没有，那只能买别人的，国外的，就要受制于人，那么就不能保证国家的经济安全、国防安全了。所以当时，我们的主要矛盾是有和无的问题，我们一定要有。要想有的话，谁来干？那是计划经济时代，国家一声令下，定点大连。

新中国的曙光最早升起于黄海之滨，作为共和国工业的长子，大连降生了无数个中国第一。几十万产业大军，承担着支援国家基础设施建设和振兴民族工业的神圣使命，大连工业“国家队”的声誉远扬四方。

大连起重机器厂是我国生产起重机的工业摇篮。1949年和1954年，工厂先后成功试制出我国第一台吊钩桥式起重机和门式起重机。1957年，试制出我国第一台当时起重量最大的140吨铸造起重机；

1953年，大连工矿车辆厂成功试制出国产第一台冶金用120吨钢锭模搬运车和国产第一台矿山用60吨气动翻斗车；

1953年，大连机床厂设计生产出521型车床。由于机床结构合理，精度高，被国家定为C620型车床，产品推向全国；

1955年，中国第一台橡胶塑料机械装备在大连橡塑机厂诞生；

1958 年，大连钢厂制造出我国第一根优质合金钢无缝钢管；

也是在这一年，大连化工厂首创了年产 400 吨的小型氨厂；

我国第一艘万吨远洋货轮“跃进”号在大连造船厂建成下水；

中国第一套铁路机车轮对轴承，中国第一套坦克诱导轮轴承在瓦轴厂诞生；

1962 年，中国第一套核工业轴承在大连交付使用；

1966 年，大连造船厂交付中国第一艘常规动力弹道导弹潜艇。

……

建国初期的五六十年代，被称之为激情燃烧的岁月。在一个个新中国工业“第一”的背后，是以劳模为代表的大连工人，他们是这个城市里的风云人物，不仅记录了大连这座城市的崛起，也见证了新中国的发展和壮大。

2006 年“五一”，位于锦绣小区劳模楼前的花园被改造成了劳模广场，大连 18 位全国劳模和 132 位省部级劳模的事迹被雕刻在大理石上，他们的功勋，将随着这些石雕永载史册。

赵桂兰，1946 年参加革命工作，在当时大连的军工单位国光工厂工作，两年间三次负伤。1949 年 12 月 19 日，为保卫国家财产，她把即将爆炸的雷汞死死地抱在怀里。车间保住了，赵桂兰的左下臂被炸飞，右臂断了五根筋，头部和身体多处重伤。正是最后这次大无畏的英勇负伤，使得赵桂兰闻名全国，并作为全国劳动模范受到毛主席的接见。

【采访】全国劳模 赵桂兰

我当时说，我代表大连人民，祝您身体健康。

赵桂兰是新中国成立后大连的第一代劳模代表，先后受到新中国四代领导人的接见，毛泽东亲笔题词，称她为“党的好女儿”。

迎面走来的这位师傅叫卢盛和，著名的“工人技术革新家”。1952 年，卢盛和研制成功平生第一个技术革新项目——插瓦机，将日本时期留传下来的手工铲轴瓦工艺改为机械化生产，提高工效 15 倍。这成为他一生中 644 项技术革新活动的开始。

【采访】全国劳模 卢盛和

后来我在全市发起技术协作活动,就是各个厂的老师傅一块儿研究厂子的问题,大家一块儿帮助研究。我就是干工作、干革新干不够。

那是个英雄辈出的年代,"中国第一位女火车司机长"田桂英、"盐滩铁人"孙华喜、"老黄牛"式的刨工方秀贞、"锻造革新家"张玉金等等,在这一大批劳模身上,我们感受到的是一种"痴劲"、"疯劲"和"傻劲"。这种对事业的"痴"、对工作的"疯"、对得失的"傻",正是大连工业发展中所需的闯劲、干劲、韧劲,也是城市一代又一代建设者们身上薪火相传的精神火炬。

2007年,电视连续剧《大工匠》登上荧屏,故事从上个世纪50年代中期讲起,为我们呈现出产业工人跌宕起伏的人生画卷。《大工匠》与大连缘分不浅,它在大连拍摄,故事以大连钢厂为背景,编剧也是大连人高满堂。

【采访1】编剧 高满堂

那个年代是崇尚技术的年代,谁的技术好,谁的工匠级别高,那是受人尊敬的。

【采访2】中共大连市委宣传部原副部长 董志正

八级大工匠工资:160,刚毕业的大学生:56。

"当工人什么最重要,技术。工人靠技术为国家做贡献,靠技术吃饭。"

在那个历史时期,工人的地位在人们的心目中无比崇高。就连姑娘找对象,首选的也是工人。

这种价值观念成为一个城市普遍的文化认同,也转化为工业生产的强大动力。从1953年推出"第一个五年计划"开始,大连工业开始加速发展。

【采访1】中共大连市委党校教授 张道航

新中国诞生后,现代工业在国民经济中只占10%左右,而落后的农业和手工业却占了90%。党的任务就是领导全国人民实现工业化,使国家由落后贫穷的农业国变为先进富强的工业国。当时国家对大连的定位是工业、港口、旅游城市,工业排在第一位。

【采访2】大连经济学会会长 杜辉

大连在当时发展工业的条件得天独厚,因此承担了国家很多重要的任务，造船、机车、工业制冷、机床、轴承、橡塑机等16个企业成为国内同行业的“龙头老大”，排头兵，当时人们称为“共和国工业的长子”。

那时候的大连，凡是工作日，街上几乎见不到行人，而在一间间厂房里，却是机器轰鸣。大连很快成为一个工业门类齐全，多项产品在国内领先的综合工业城市。能者多劳，大连工业从此由输入型转变为输出型，大批工人和设备被调往兄弟省市，支援全国建设。

这是一张拍摄于1958年5月2日的老照片，记录的是同事们在欢送调往山西大同机车厂工作的孙廷福。照片中前排左边第一位的年轻人叫栾忠周，当时是大连机车厂铸造车间的六级工匠。

【采访】老工人 栾忠周

是我们组的组长要走，我们就照了个相。

那是一个铁路飞速发展的年代，作为当时中国最大的机车生产厂，大连机车厂义无反顾地承担起了对兄弟厂的支援建设任务。从山西大同到青岛四方、从湖南郴州到长春客车，在一次次的援建过程中，大连机车的基因融入到了共和国机车工业的血脉之中。

1964年10月1日，栾忠周再次来到照相馆拍下了一张照片，这次他变成了被欢送的主角，他的目的地也是山西大同。

【采访1】老工人 栾忠周

1964年开始正式生产了，从老厂开始调人，响应党的号召，我们听从分配，不讲条件就来了。我和爱人，四个孩子还有老妈都来了。我走的那年37岁，今年82了，45年了。

【采访2】栾忠周的女儿 栾淑杰

这个柜子就是当年从大连带过来的。

新中国成立以来，大连机车厂先后有4491名像栾忠周这样的职工奔赴祖国各地。

【采访】中共大连市委党校教授 张道航

1956年，毛泽东在《论十大关系》中提出合理调整工业布局，恰当处理沿海与内地的关系，好好地利用和发展沿海的工业老底子，可以使我们更有力量来发展和支持内地工业，实际上体现了全国一盘棋的思想，而大连就是这其中很重要的一颗棋子。

除了机车，还有造船、瓦轴、大化等企业成为全国同行业的“母机厂”和“摇篮”，他们用技术和骨干在全国孵化出众多的同类企业。

【采访1】编剧 高满堂

外地人评价大连的技术工人技术好，洋气，好打扮。

【采访2】大同电力机车有限责任公司离退办主任 文道胜

从大连厂来的都是骨干，后来有干到副厂长的，多数都是中层干部。

在大同厂里，上千名来自大连的工友们一边适应着生活环境的变化，一边在各自的岗位上挥洒着自己的汗水。将近50年过去了，如今，栾忠周那一批大连人早已退休，纵然时光流逝，依旧乡音难改。

【采访】大同厂的大连人

走到街上，好多人都说大连话。

我们还爱吃海鲜，本地人不怎么喜欢。

虽说大同大连远隔千里，但心中的那份牵挂并未随着距离的拉长而减轻。

【采访】大同厂的大连人

兴工街的天桥还在吗？

我们想大连，毕竟是老家嘛！

栾忠周1980年从铸造的岗位上退了休，如今女儿栾淑杰继承父业也在大同厂工作。

【采访】栾忠周的女儿 栾淑杰

我在厂工会体协工作。

这个女孩叫修昀，2008年大学毕业后来到大连机车厂工作。当人们了解到，修昀是栾忠周的外孙女，而且她现在工作的铸铁车间就是外公当年上班的地方时，无不对历史的机缘巧合惊叹不已。

【采访1】大连机车车辆有限公司铸铁车间材料员 修昀

这是天意吧，和我姥爷干的差不多。

【采访2】老工人 栾忠周

挺高兴的，外孙女接姥爷的班儿去了。

【采访3】栾忠周的女儿 栾淑杰

大连是老家嘛，当然我希望孩子在大连，将来退休以后我也回大连。

从大连到大同，再从大同到大连，栾家三代人用各自的人生轨迹完成了一个历史的轮回，这是大连工人血脉的传延，是一座城市对中国工业发展贡献的缩影。

(二)

大船集团30万吨码头，出口丹麦 clipper 公司的30万吨大型油轮“壮丽海港号”正交船起航，如今的大船，其船舶出口已占到了总产量的70%以上。

30年前，新中国的第一艘出口船“长城号”也是从这里下水的，不过当年这第一艘出口船却险些成为大船难以逾越的险滩。

上世纪80年代初，经历了10年浩劫的中国元气大伤。在“文化大革命”“打倒一切”“全面夺权”的浊浪中，工业计划被搁置，各种工作规程被当成“复辟资本主义”的条例而遭到批判，从外国引进技术被骂为“洋奴哲学”，中国工业同中国经济一道，在集体无意识的狂热中陷入到了崩溃的边缘。而此时的世界，却是另外一番景象，蓬勃兴起的科技革命正迅猛地推动着世界经济的发展，由于错失融入新科技革命浪潮的历史机遇，中国的经济和科技实力与国际先进水平的差距进一步拉大。当从浩劫中走出来的中国终于向世界打开大门的时候，风云变幻的国际市场，已经成为中国人不敢轻易涉足的陌生领域。

【采访1】原大连造船厂厂长 孙文学

邓小平说咱们这么多的造船厂,为什么不能走出国门给国外造船呢?

【采访2】原大连造船厂党委书记 侯君柱

因为那个时候很少有人认识到,船舶工业这个产业本身是世界性的。

80年代初,一份来自香港船东的国际订单摆在了中国造船人的面前,这份似乎唾手可得的订单,却成了一块烫手的山芋。

【采访】原大连造船厂厂长 孙文学

当时各个船厂,特别南方船厂都不接手,都不冒这个风险。

接还是不接?这不是一道简单的选择题。接了这笔订单,大船就要革新生产工艺和流程,按照以前从未接触过的国际规范进行生产,风险极大;不接订单,那么大船就会丧失一次参与到国际造船市场竞争的重要机遇。

【采访】原大连造船厂厂长 孙文学

找我了,老孙怎么弄?你们敢不敢?我说有风险,但是我也想接。为什么呢?当时厂子24000人吃饭问题,我要不接这些船,中国这些船总不落实也是问题。但是国际标准不熟,我说不熟咱咬着牙也得干。他说你就接了吧,我说好,接了。

既是血脉中敢为人先的气魄使然,也有出于生存压力的现实考虑,1980年5月,大连造船厂与香港联成航运公司签订了2.7万吨散货船建造合同。

【采访】中共大连市委党校教授 张道航

敢为人先是大连工业的一贯品质,也是大连诞生众多新中国第一的原因。既然做第一,就要承受压力和挑战,大连的工业也在压力和挑战当中不断成长。

尽管在国内造船业处于领先地位,但在新中国第一艘出口船面前,大船人不得不重新审视自己与国际规范之间的距离。

【采访1】原大连造船厂厂长 孙文学

连设计加建造18个月得给我交船。你要拖了以后，拖一天要给人家4500美金。要拖两个月、三个月，人家要弃船，不要了。

【采访2】中船重工党组成员 大连船舶重工董事长 孙波

我那个时候也在学徒，给我的印象，当时我们周围很多工人都参加英国劳氏的焊工证的考核。要真刀真枪的去焊，合格的人才可以参与这个出口船的建造。不合格的人就退下去，竞争也是非常残酷的。

要学习世界造船业最先进的工艺流程，更要面对国内与国外生产观念的激烈碰撞，甚至可以说，生产观念上的差距远比技术难关更加难以克服。

【采访1】大连船舶重工返聘高级工程师 郑礼

钢板要求研磨到什么样的光滑程度，必须得做到，不做到人家不验收。过去船厂说的算，你说这个不行，我就这样，你必须接受。那是计划经济。这回在出口这块儿，市场经济开始了。

【采访2】大连船舶重工全国劳模 战怀奎

有个工人咳嗽了，随地吐了一口痰，吐痰吐到这个钢板上。日本叫中西的验船师马上就把这个痰拿红粉笔做了标记，画了一个圈。什么意思？船东说这个区域要求换板。我们当时那个船体车间就通过这一个实例，展开了一个研讨，通过这个事情规范我们的行为。

这是一次艰难的起航。在外国船商挑剔的目光中，大船人保质守时地向国际市场交出了一份合格的答卷。1981年9月14日，中国第一艘按国际标准设计建造的出口船舶"长城"号，在大连造船厂建成下水。

【采访】原大连造船厂厂长 孙文学

他允许误差25毫米，咱差2个毫米。宽度、高度、平衡度百分之百，他都不相信。说实在的，这条船是敲门砖，敲开了国际大门。

正是这艘出口船"长城"号的成功建造，开辟了中国造船业的新纪元。如今，大船所服务的船东分布在世界几十个国家和地区，包括丹麦马士基、TOM、德国瑞克莫斯、新加坡太平船务等国际知名的航运企业，都成为大船重工多年的合作伙伴。今天，大船已将其业务拓展为造船、修船、军工、重工和海洋工程五大板块，以30万吨原油船VLCC、大型化学品船、大型集装箱船、大型滚装船、大型浮式生产储油轮、半潜式钻井平台、自升式钻井平台等为代表的高技术、高附加值船舶和海洋工程产品，给快速发展的中国造船业带来无数荣耀。

【采访】中共大连市委党校教授 张道航

造船是比较早打入国际市场的，是外向型经济的开端。此后有越来越多的大连企业走了出去，参与国际分工合作。

在上个世纪80年代初期那个刚开始复苏的春天里，大连工业也像乍暖还寒的天气一样，有了新的生机。但在改革开始的时候，人们观念和意识上的更新，却还是那么的艰难。

宁佩英，原大连纺织厂厂长。1984年年末，宁佩英刚一上任，残酷的现实就给她来了一个下马威。

【采访】原大连纺织厂厂长 宁佩英

我遇到第一个问题就是年末职工的奖金问题，当时我一看账，还有1万多块钱。大纺当时有5000多职工，这1万多块钱，平均发到每个职工，大概就2块多钱，这个奖金未免太笑话了。

此刻，在厂房和仓库里，货品却因为适销不对路而大量积压，直觉告诉宁佩英，必须开发适应市场的新产品，才能让企业这潭死水活起来。于是，她做出了第一个决策，把仅有的1万元都奖给产品研发人员，鼓励他们快速开发新产品。谁知，这新官上任后的第一把火，却差点烧到了自己身上。

【采访】原大连纺织厂厂长 宁佩英

中央调查组来了，我才上了几天又干什么错事了？结果就是说，大纺这个奖金，集中用在这一小部分人身上，新上任厂长是个很大的纪律问题。

很快，中央调查组专程来到大纺，宁佩英向工作人员说明了情况，调查结果证明了她的清白。这件事情反而让个性倔强的宁佩英憋了一股劲。

【采访】原大连纺织厂厂长 宁佩英

半年职工拿不到奖金我自己就下，结果没用半年（就拿到奖金）。到第二年的年底，效益已经翻了一番。

事实证明，正是依靠新产品研发，大纺才摆脱了持续数年的困境。很快，荣誉接踵而来，由于贡献突出，宁佩英被选为人大代表，在一次全国人代会上，她与来自浙江海盐的“衬衫大王”步鑫生不期而遇。在听取步鑫生做经验介绍的时候，宁佩英欣喜地发现，自己上任之初的举动，竟然暗合了打破“铁饭碗”和“大锅饭”的改革主流。

当时决心打破铁饭碗和大锅饭的厂长绝不止宁佩英一个人，作为东北老工业基地，大连工业由于起步早，历史长，加之在高度集中的计划经济体制下运行了几十年，在为我们国家和城市做出重要贡献的同时，也背上了沉重的历史包袱，机制僵化，厂房破旧，设备和技术老化，冗员甚多，而且承担了住房，供水，供气，托幼院所，中小学校，医院等全方位的社会职能。到上个世纪80年代初，面对国内国际市场的激烈竞争，这样的状况已到了非改不可的程度，1984年，国家经委决定在大连市推广试行厂长负责制。大连冷冻机厂的张和率先进入了这一角色，开始构筑真正的法人实体和市场竞争主体。

【采访1】大连冰山集团董事长 张和

我这个人叫它搞试点，因为我本身也想改革，十二届三中全会之后，改革从农村到城市，到城市就是改企业。过去政府说了算，现在厂长负责制，就是要厂长说了算。

【采访2】大连市人大财经委员会原副主任委员 于寿尧

张和当厂长了，抓内部改造，在稳定的基础上，进一步深化改革，把张和及冷冻机厂解剖开了，就了解整个城市的企业体制改革的路了。

大连冷冻机厂的改革在阵痛中开始。与此同时，一系列国有企业体制机制改革也在全市铺开，大连工业先后经历了简政放权、厂长负责制、承包租赁制，转换企业

经营机制、实行股份制试点，建立现代企业制度、深化改革等不同改革阶段。

改革，就意味着踏上了一条充满痛苦与彷徨的道路，更是一次脱胎换骨、凤凰涅槃般的跨越。1994 年 10 月 13 日，经大连市中级人民法院裁定，大连色织布厂，这个与共和国一起成长，在新中国的纺织业中一度辉煌的企业正式宣告破产，这是我市第一家破产的企业。当“破产”这个字眼变成现实的时候，当国企职工，铁饭碗，稳定的收入，这些曾经让工人们引以为傲的身份象征不复存在了的时候，没有人能够平静地面对。

【采访 1】原大连色织布厂职工 刘晓娟

我感觉没有家了，有这种感觉。没有归属感了。

【采访 2】原大连色织布厂职工 王岩

没想到国有企业还能破产，那时候根本没有想到这个问题，第一个破产，就是觉得国有企业怎么就破产了呢？

从 1995 到 1997 年，长期处于低迷处境的国有企业开始尝试着以下岗分流、减员增效的办法从困境中实施突围。这三年间，全市下岗职工达到了 8 万多人。虽然政府各级部门采取多种措施，从各方面加以安置，但还是有很多人一下子找不到合适的就业岗位。就在大色职工完成分流后半年，以往门可罗雀的职业介绍中心开始挤满了求职者。

【采访】大连戚秀玉职业介绍所所长 戚秀玉

当时下岗正高峰的时候，我们没等开门，外面都人山人海在那等着。一开门都轰隆轰隆往里跑，抢在最前面，在他们印象中觉得，我抢到最前面，我能抢到工作啊，我在后面挨不着边。这些下岗职工确实是太不容易了，太不容易了。

从《咱们工人有力量》到《从头再来》，国企职工的分流下岗无疑是整个社会发展过程中挥之不去的伤痛。但也正是由于工人们的顾全大局，国企改革才得以迅速冲过湍急险滩，踏上了高速发展的顺畅轨道；而社会保障体系的逐步完善，也让这些下岗工人的生活有了基本保证，他们中有很多人也在政府部门的帮助下，经过二次创业，重新找到了自己的人生坐标。在中国改革开放30年的历史丰碑上,从头再来的下岗职工们,将作为刚毅的群像永远雕刻在人们内心深处。

(三)

上世纪80年代,市民姜胜芳在一家企业做工会干事,为了给企业买运动会的奖品,第一次走进了大连油脂化工厂的大门,一进门,对方工作人员的一个举动把她弄懵了。

【采访1】市民 姜胜芳

到油化厂还没等买东西,人家销售人员就给我们发口罩。当时我们还觉得挺纳闷:我们来买东西,还给我们发口罩?他说:你们不感到熏得慌?别把你们熏坏了!

【采访2】时任大连油脂化工厂厂长 刘桂雪

大连油脂化工厂主要生产脂肪氨、脂肪酸、脂肪醇这三大系列产品,这三大产品的污染程度确实是非常大的,就是石蜡氧化这种味道,对人体的毒害不是太大,但是闻起来非常难闻。

当时大连市内中心区域共有各类工业企业150多家,其中,中山区集中在寺儿沟、东海头一带,西岗区集中在长江路沿线,而沙河口区则集中在解放广场以西的汉阳街四周。当时的大连街头烟囱林立、喷烟吐雾,是一座典型的老工业城市形象。更令人忧心的是这些建厂少则几十年、多则上百年的国有企业,大多百病缠身,举步维艰。

【采访1】时任大连油脂化工厂厂长 刘桂雪

国有企业的包袱很重,连续多少年亏损。

【采访2】大连机床集团副总经理 郭洪君

1996、1997、1998年应该是我们最困难的时候,当时的状况是人心散了,也没有足够的订单,更难、更严重的是,根据我的了解,欠工人的工资有一个多亿。

1995年,为了拯救已深陷泥潭的国有企业,改变城市环境,大连市委市政府下出了背水一战的一步棋:搬迁改造,盘活国企。这是当时唯一可行的一步棋。然而,消息传出,犹如巨石入海,激起层层波澜。

【采访 1】时任大连油脂化工厂厂长 刘桂雪

我的办公室里当时聚集了好多好多油化厂的职工，其中就有我父亲。我父亲当时就跪在我的面前，给我下跪，求我。我心里非常非常难受！

【采访 2】时任大连染料厂行政处处长 郭念全

当时确实不理解，总觉得搬完以后，这个设备不都完了吗？就是出于对厂子的爱护。

【采访 3】时任大连重工·起重集团董事长 祁玉民

不搬迁这个企业，只有死路一条。

1995 年 8 月 7 日下午 2 点 40 分，随着一声炮响，位于市中心黄金地段的渤海啤酒厂大楼轰然倒塌，就此拉开了大连市国企大搬家的序幕。自那以后一直到 2009 年年底，市内四区共有 259 家企业搬迁到城市远郊，金州、开发区以及北三市等地。

海军广场，原大连油脂化工厂厂址；

华乐广场，原大连染料厂厂址；

希望广场，原大连啤酒厂厂址；

贸易大世界，原第二仪表厂厂址；

五一广场，原大连机床厂厂址；

同泰花园，原大连制药厂厂址；

幸福 e 家小区，原大重大起厂址；

星海人家小区，原大化油漆厂厂址。

伴随着企业搬迁的还有技术改造和战略重组。搬迁企业以此为契机扔掉了早已破旧不堪的坛坛罐罐，引进了先进的环保工艺和设备，改变了原来污染重、设备陈旧等历史问题，加快了和世界一流企业接轨的进程。

2004 年的一天，从 20 岁时起就在位于五一广场的机床厂上班的刘永铁，第一次来到刚刚搬到双 D 港的新厂区，立马就惊呆了。

【采访 1】大连机床集团职工 刘永铁

到了这个厂区我们看了是一种惊讶，感觉从旧房搬到新房，就是这种感觉。从三十多平方米的房子一下子搬到了一百多平方米的房子，就有这种感觉。

【采访 2】大连机床集团工人 郭正凯

搬过来以后，这个环境一般人都不相信这是个工厂。美国英格索尔公司我也去过，也没我们这地方干净。确实不一样了，发生了天翻地覆的变化。

当年的大机床用2亿元建成一个21万平方米的现代化厂区，更拿出5亿多元的资金配备了高精尖端设备近300台，建起全国唯一的国家级数控功能部件产业园，从而一举攻破作为数控机床“大脑”和“肢体”的关键功能部件，让这个全国机床制造业的排头兵成功跻身世界八强。

【采访】大连机床集团有限责任公司副总裁 姜怀胜

搬迁以前我们的产品是620台车床，一台也就卖个两三万块钱。我们现在一年的产值能达到120亿，是以前的30倍，产品以高档数控机床为主，能占到60%。这里面占到成本50%的软件和功能部件我们都已自主掌握。像这样的一台五轴联动加工中心的价格在500万元，相当于我们以前普通车床的200倍。

2001年，曾经并行的大重和大起搬迁重组走到了一起，经过两年半时间的施工建设，国内同行业唯一的临港现代化装备企业迅速崛起，在异地搬迁中实现了结构调整和技术升级，企业的新产品也实现了从无到有的跨越：兆瓦级风力发电机、船用柴油机曲轴、核环吊、盾构机、大型水电铸件等重大装备国产化研制课题逐一破解，占据了年经营总额的半壁江山。一个总部，五大基地，2009年经营总额实现181亿元，成为国内重机行业唯一进入中国500强的企业。

【采访】中共大连市委党校教授 张道航

现在看来，当初政府搬迁重组的决策是正确的，据统计，搬迁改造的企业绝大多数实现了工艺技术改造和产品升级换代，这其中，科技进步、创新在企业的发展过程中发挥着越来越重要的作用。

如今，在这些企业的原址，人们则经常可看到一些古稀老者深邃的眼神，他们多半就是当年那个厂里的工人。他们追忆于老厂的沧桑，更感叹着变化的神奇，岁月似乎就在他们还没回过神来的一瞬间变成了崭新的面孔。

而作为曾经为共和国的成长壮大立下过汗马功劳的老工业基地，大连市国有企业终于在电闪雷鸣中再一次雄壮地起飞。权威部门的数字显示：1987年与2007年比较，独立核算国有及国有控股工业企业资产由48.1亿元增加到2362.2亿元，增长了49.1倍；利润总额从6.2亿

元增加到52.8亿元，增长8.5倍。这宣示着曾经一提起来就让人唉声叹气的大连国企，再一次成为这个城市的百姓所津津乐道的荣耀！

（四）

时光已经进入了21世纪的第二个十年，全球市场已把整个世界联结在了一起，国务院做出了加快振兴东北老工业基地的重大战略部署，辽宁五点一线振兴规划提升为国家战略，大连成为辽宁沿海经济带的中心，在如此复杂多变的形势下，大连工业又将会交出怎样的一份答卷呢？

当人们得知大连造船厂研发的自升式海上钻井平台在南海打出了高产油井；大橡塑研制的国内首台20万吨大型挤压造粒机组落户燕山石化；当上海世博会使用重工·起重的风力发电机为场馆提供清洁能源；当瓦轴集团"风电机组轴承设计与制造技术"和"大型风力发电机专用轴承试验台"项目列入国家863计划；当大连机车领跑铁路大提速，成为我国装备制造业中唯一一家既能研制内燃机车，又能研制电力机车和城轨车辆，总产量占全国同类产品保有量一半以上的领军企业；大机床研制的动梁交换工作台式龙门加工中心和光洋科技研制的14轴5联动车铣复合加工中心成为市场的焦点。当类似的消息频频传来，大连人都会从心底萌生出一种强烈的城市自豪感。

【采访】编剧 高满堂

一个城市，有了现代工业，并且这个现代工业是文明现代工业，走出世界的时候，我想，它就像我写的一个剧叫《钢铁年代》一样，一个城市有钢铁做后盾，这个城市底气非常足，一个城市有了工业做后盾，它的可持续发展走得会非常远。

但是大连人的脚步并没有停下，也没有理由停下。在深蓝色的大洋彼岸，仍然有更强的竞争对手需要超越。因此，大连的企业决策者们并没有被暂时所取得的成绩迷惑，他们开始以更加开放的胸怀向世界学习，向领先者学习。

这里是大连重工·起重下属的华锐重工冶金设备制造有限公司。每个工作日，都会有两个日本人在车间里巡视，他们时而和工人交谈，时而在笔记本上记着什么。他们怎么会出现在这里呢？他们怀有什么特殊的使命吗？

【采访】日本新日铁管理专家 岸良吉晃

我们到这里来，主要是为了把日本的管理经验传授给大连重工。

2008年，大连重工·起重决心在全集团推行日式管理，他们首先在下属的旅顺冶金设备公司进行试点。

【采访1】大连重工·起重集团董事长 宋甲晶

我们必须从过去的经验型、粗放型的管理走向精细化、量化的管理。日本在这方面做得非常好，世界闻名。我们要在全集团引入“日式管理”，在管理上要和日本企业一样，这在全国都是头一个。

根据大连重工·起重和新日铁签署的战略合作协议，新日铁派遣两位专家对旅顺冶金设备公司目前的管理模式和生产组织方式进行诊断和分析，并且引入新日铁的管理经验方法。

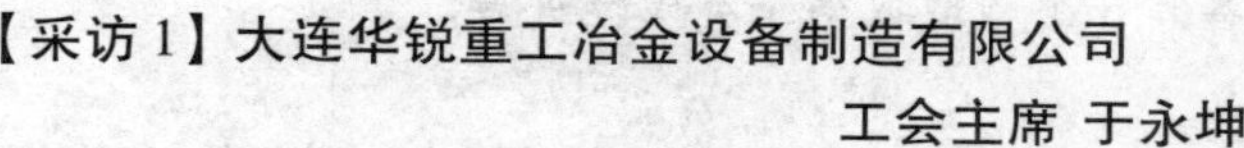

【采访1】大连华锐重工冶金设备制造有限公司 工会主席 于永坤

一想到要听日本人指挥、管理，心里特别别扭。

【采访2】大连华锐重工冶金设备制造有限公司 电焊一班班长 王长伟

后来用了日本式管理方法，生产率提高，质量明显改善，我们很服气。

【采访3】日本新日铁管理专家 岸良吉晃

我认为大家学习态度是非常认真的。我们刚开始在2008年6月份对整体状态设置了一个得分制，要是100分满分的话只得了45分，现在到了2010年5月份，我们已经达到60.8分。

【采访4】大连华锐重工冶金设备制造有限公司 董事长 姜永健

得了60.8分，董事长不满意。

【采访5】大连重工·起重集团董事长 宋甲晶

应该达到70分以上。所以我们决定再延长合同一年，继续学习。

【采访6】中共大连市委党校教授 张道航

对于发展中国家来说，我们成为工业强国的谜底又在哪里呢？打开视野，向发达国家学习，大胆吸收和借鉴人类社会包括当今资本主义发达国家创造的一切文明成果。以前我们重视技术引进，现在开始重视管理的引进。

通过引进德国、日本和美国等国家的先进管理模式，并在此基础上消化分解，助推了大连制造向大连创造的跨越。到2010年，已有11户国家级技术中心落户大连，使大连成为全国副省级城市当中，装备制造类企业国家级技术中心最多的城市；已有9家企业走出国门在海外设立研发中心，利用"外脑"为我服务；已开发出6500项新产品，在投产的新品种中处于国内先进水平以上的有2440种，占投产总数的61%。大型船舶、内燃机车、船用螺旋桨及阀门、数控机床及功能部件、核环吊、核压力容器、加氢反应器、风电机组、工业制冷设备、轴承、互感器、线路瓷绝缘子等产品在国内同行业位居第一。

【采访】大连经济学会会长 杜辉

我国16大类重大装备研制攻关项目中，今日的大连，已经在大型海洋石油工程装备、大型清洁高效发电设备等6个领域取得了突破性进展。

在那个激动人心的夏季，到"水立方"参观的游人，都会对南侧立面上的一处用超大LED显示屏演绎出的如梦似幻的景观大为赞叹。

这块LED显示屏长104米，宽20米，主体面积达2080平方米，远远看去，就像镶嵌在水立方上的一只眼睛，让夜色下的水立方更加光彩夺目。显示屏的建设者也很有智慧地打上了自己的名字：大连路明。

【采访】路明科技集团董事长 总裁 肖志国

它从元件到芯片制造、封装、原材料选用、软件程序的设计、硬件配备，都是纯中国造，纯大连制造。

成立于1992年的大连路明已在发光材料领域占据了世界第一的位置。当大连的传统工业通过升级改造焕发出新的活力之时，以大连路明、大连光洋科技为代表的民营高新科技企业也异军突起，抢占市场的制高点。中远船务入驻长兴岛，一重大连加氢批量出口大型加氢反应器，奇瑞轿车新产品大连下线，显示出外地企业正纷纷抢滩大连，开疆拓土。大众变速箱成功下线，英特尔大连芯片厂落成投产，随着外资的大规模涌入，大连工业呈现给世人的是全方位开放的格局。作为老工业城市，经过多年调整发展，大连初步形成了以高新技术和新兴产业为先导，以石油化工、装备制造、造船、电子信息等产业为支撑的新型工业体系。

百舸争流，奋楫者先。权威数字显示，2009 年，大连规模以上工业总产值登上 6000 亿元台阶，达到 6210 亿元，工业完成增加值 1733.1 亿元，占全市 GDP 的46.7%。在城市日益走向多元化的今天，工业仍是大连的支柱产业，而在未来的五年，大连市将围绕国家发展战略性新兴产业的重点领域，推进新能源装备、先进装备制造、新能源汽车等十个新兴产业发展，实现在工业增加值和投资上再翻一番的目标。

有人说，没有工业作为支撑的城市发展，就如同人的骨骼里缺少了钙质；没有产业工人群落的不断发展壮大，城市就无法成为区域发展中的强者。在工业大发展的时代，大连的产业工人群体该如何适应形势，应对未来的挑战呢？

2007 年，关乎大橡塑命运的“20 万吨级大型挤压造粒机组”的研制被逼上了绝境。两个关键部件被国外严格封锁，让项目负责人何桂红压力在肩。

【采访】大连橡胶塑料机械股份有限公司

高级工程师 何桂红

这种压力确实很难承受。因为这个设备太重要了，成不成不是我一个人的问题，甚至不仅仅是大橡塑的问题，它涉及到一个国家重大的战略装备是否能够实现国产化，说大了，是个能不能给民族争气的问题。睡觉做梦都在琢磨它。

两年之后，大橡塑打破了外国公司垄断市场的美梦，每当回想起大造粒机组攻关的日日夜夜，何桂红总会激动不已，那是发愤，是同舟共济，是民族自强。

何桂红告诉我们什么是拼搏与责任，而瓦轴的于永刚则诠释了奉献和亲情。为了完成风电轴承的加工任务，2009 年十一前后，他有一个月的时间没有回家看望自己一个人过日子的老母亲。

【采访】瓦轴集团公司 于永刚母亲

为了振兴瓦轴，咱舍弃这个小家算什么？

2008 年 2 月 16 日，时任大连市市长夏德仁将 10 枚奖牌颁发给大连机车车辆有限公司高级技师刁培松等“王亮式”十大金牌技工。奖牌是由 100 克纯金制作，上边印有获奖者的肖像和名字，获奖者每人 3 万元奖金，享受大连市政府特殊津贴。如此重奖技术工人在大连的历史上还是第一次。

而作为新时期大连工人代表的王亮，已经从一名只有职业高中学历的普通工人，成长为行业内著名的电气调试能手。眼下他正在唐山曹妃甸和工友们为首钢提供技术服务。

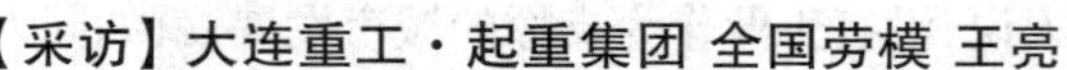

【采访】大连重工·起重集团 全国劳模 王亮

没有知识，没有技术，就不会成为一个合格的工人。

打铁就要有比铁硬的自强精神，敢立潮头争高下的进取精神，勇于突破闯新路的创新精神，燃烧自己为企业奉献的精神。这是新的历史时期，代表大连产业工人的新一代劳模，用智慧和业绩凝聚出的优异品格。

回首过去，雄关漫道真如铁，当我们翻开大连企业的成长编年，我们感受到的，是一份份历久弥新的精神积淀。

【采访 1】瓦轴老厂长 王华彬

没有瓦轴，就没有中国的轴承行业。

【采访 2】大连港集团总经理 孙宏

世界上有多大的船，我们就有多大的码头。

【采访 3】中船重工党组成员 大连船舶重工董事长 孙波

我想没有我们大连船舶重工集团对 VLCC 打破日本韩国的垄断，就不会有今天中国 VLCC 造船的这个发展。

大连的产业工人将他们的情感寄托在企业上，用汗水和智慧铸炼出充满质感的钢铁群像，也赋予了这座城市钢铁般的坚毅性格。

【采访 1】原大重厂老劳模 何大川

困了，打个铺盖卷就在车间里睡。

【采访2】**大连港大件王 王锦德**

同事们成就了小有名气的我，我从没有想过离开大连港。

【采访3】**大船离休干部 陈信隆**

我们为什么跑到大连来，上海的环境那么好，主要就是为了能够为中国能造出个最大的船厂！

【采访4】**大船原副总工程师 严敦贵**

做的时候，就想干得最好。

尾 声

九万里风鹏正举，乘长风破万里浪。发轫于130多年前洋务运动中的大连工业，寄托着世代先辈的追求与梦想，承担着振兴民族工业的国家使命。这是一幅渐次展开的宏大画卷，从旅顺大坞旁近代工业的阵阵轰鸣，到共和国工业长子的豪情与荣耀，从面对变革的阵痛与激荡，到浴火重生的华彩绽放，大连工业在历史的风雨中洗尽铅华，以非凡的气魄引领着东北老工业基地的振兴。这是一段步履铿锵的光荣历程，大连产业工人在反抗殖民压迫的怒吼声中首先觉醒，在迎接民族解放的号角声中挥洒血汗，在新中国建设的洪流中无私奉献，在改革开放的大潮中傲立潮头，以敢为人先的气魄栉风沐雨、锐意创新，为城市铺就厚重的精神底色，为大连未来的发展夯筑起不可撼动的基石。团结、自强、奉献、创造，已经成为今天大连人共同的性情和风貌。这薪火相传的精神火炬，将熔铸出钢铁一般的脊梁，承载着我们腾飞的翅膀，奋力翱翔！

第九集　精神家园

每当盛夏时节，在百年城雕的足迹两侧，总会聚集起来自全国乃至全世界的游客。人们好奇地端详着刻在铜版上的足迹，脸上常常浮起沉思的表情。

的确，面对一座城市穿越百年的历史足迹，没有人不会肃然起敬。

在中国北方城市中，大连的气韵与众不同。在今天这是一个几乎没有争议的大众认知。这是一种什么样的气韵，这种气韵来自于哪里，却是一个众说纷纭的话题。

50 年血与火的记忆，人民解放战争的可靠后方，新中国工业的长子，第一批沿海开放城市，东北亚重要的航运中心——让我们穿越 100 多年的历史时空，去翻阅大连人的心灵成长史，走进一座城市卓尔不群的精神世界。

（一）

70 多年以前，这里时常徘徊着一个青年的身影。这里是 1894 年 10 月中日甲午战争中，清军正定镇总兵徐邦道率领 2000 多仓促成军的拱卫军，与船坚炮利的数倍于己的日军顽强战斗了 4 个昼夜，给日寇以迎头重创的战场遗址。

在这位青年的心目中，徐邦道是他膜拜的大英雄。但是徐邦道和他率领的清军的英勇并没能抵挡住日寇的入侵，更不能扭转这片土地生灵涂炭的命运，每每站在这里，青年的心头总要发出一声沉重的叹息。

这个青年的名字叫关向应。十几年以后，已经成为中国共产党重要军事领导人的关向应把当年的沉思写进了自己的自传中："我十二岁时入日本办的专以教育中国人的普通学校，四年毕业。后复入大连公学堂，两年毕业。我在这六年中所受教育完全是侵略式的教育，书报都看不明白，国内的情形一点不晓得，思想完全是奴隶的。当我毕业后学堂就把我送一日本商店服务，才做了一个月，因与日本人冲突就辞了。我觉得做个中国人要有骨气，但国家贫弱，哪里又会有个人的尊严呢？"

【采访 1】关向应纪念馆馆长 贾清生

关向应的这段沉思可以说是当年一整代大连人的心灵写照。

【采访 2】大连市近代史研究所所长 华文贵

救民族于危亡，势必拒敌寇于国门之外，但救文明之衰微，又必须寻找一条不再任人宰割的复兴之路，这又要求必须打开国门，这就是所谓的“三千年未有之变局”，大连城市的精神世界一定在这种变局的痛苦中历经磨难。

一部中国近代史就是在这样的扭曲中打开的，而大连恰恰就处于这部历史的起点上。她诞生于漫漫长夜，黑夜给了她一双黑色的眼睛，而她必须去寻找光明。这是一段曲折痛苦的心路历程，也是一次穿越百年的历史沉思。

1919 年，中国爆发了划时代意义的历史事件——“五四”运动。伴随着五四运动兴起的，是对中国人的心灵带来深远影响的新文化运动。毛泽东在《新民主主义论》一文中说，“五四运动所进行的文化革命是彻底地反对封建文化的运动，自有中国历史以来，还没有过这样伟大而彻底的文化革命。”

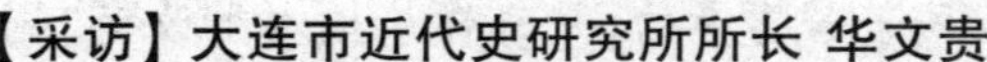

【采访】大连市近代史研究所所长 华文贵

受“五四运动”影响，上世纪 20 年代，大连也爆发了一场新文化运动。大连新文化运动的前期是 1920 年，以傅立鱼为首的爱国知识分子联合大连工商界知名人士在帝国主义统治的背景下，发起成立了以中华命名的大连中华青年会为标志算起，后期以 1923 年中华工学会成立，罗章龙等共产党人领导推动为标志，到 1928 年中华工学会被殖民当局无理取缔结束，整整持续了 8 年。它所持续的时间之长、规模之大、影响之广为国内罕见，使得大连成为继北京和上海之后最为活跃的新文化运动的重要阵地。

持续了整整 8 年的大连新文化运动，吸引了中国近代史上的众多风云人物的高度关注，陈独秀、李大钊、瞿秋白、恽代英、肖楚女等共产党早期领导人，胡适、梁启超、马寅初、陶行知等知名学者都以自己的文章推动这场运动走向深入。中国民主革命的先行者孙中山甚至专门为大连《新文化》杂志的创刊亲笔题词：宣传文化。

【采访】大连市艺术研究所研究员 李振远

大连和国内的其他城市有很大的不同,当时它是帝国主义以租借之名,实际上是施行的帝国主义霸占下的殖民统治。所以当时大连人民,是在失去国家主权和民族尊严的情况下,进行文化的思考,这种思考可以实实在在地称作是历史的沉思。

从日本殖民统治经过的老大连人,至今都难以忘怀中国人只准坐三等火车,中国人不准进公园,尤其是在太平洋战争爆发以后,由于物资匮乏,统治更加严酷,中国人吃大米、吃猪肉就要成为“经济犯”,被施以“坐老虎凳”、“灌凉水”、“灌辣椒水”等酷刑的惨痛岁月。帝国主义的侵略是以痛彻肺腑的屈辱感受铭刻在大连人的记忆中的,而与此同时,侵略者“洋灯、洋火、洋油、洋车、洋枪、洋炮”的炫耀,更是无时无刻不刺痛着生活在这个城市的每一个中国人的心灵。

“有心杀贼,无力回天”的喟叹如大海的波涛经久不息地轰击着这片海岸,终于蜕化为这片土地文化的新生。

【采访】大连市艺术研究所研究员 李振远

大连人民苦苦思考的,是怎样从根本上改变“国弱任人欺”的现实,新文化运动正好引领了大连人民的这种思考。它不仅仅是一次文化启蒙、文化革新的运动,也是一次思想革新运动,它在唤醒民众,提高人民的爱国热情上,发挥了非常大的作用。可以说新文化运动,是大连城市精神在当时形势下的新的觉醒,是城市精神一个血和泪的奠基。

(二)

这是大连最早的体育场。1922 年 5 月 14 日,这里迎来了第一个以中华命名的陆上运动大会,旅顺、皮口及大连市中国学生、商人等 12 个团体、500 名运动员参会。《泰东日报》用“场内外观众数万人,无立锥之余隙”,“为大连破天荒之盛举”这样的语句描述当时的盛况,这个运动大会的发起人正是大连新文化运动的倡导者傅立鱼。在他看来,体育可以振作一个国家的元气,而“民族兴亡之理,国家盛衰之迹,系于国民元气之消长”。

【采访】原大连市体委副主任 任举一

1920 年创立的大连中华青年会，在以后的 14 年中间，共组织举办了十届陆上运动会和十届水上运动会。转过一年又成立了中华青年会的足球队，在各个方面都开辟了大连风气之先河，吸引了众多的人员参与活动，也取得了许多优异的成绩。极大地振奋了民族精神，对大连体育的贡献乃至整个地区文化的塑造，可以说是功不可没。

当年这项振作国家元气之举，为中国体育留下了一个永垂史册的名字：刘长春。不难想象，这个一次次在比赛中把趾高气扬的洋人甩在身后的年轻人，在当年曾给饱受歧视的大连人带来多么大的振奋和鼓舞。

日本人也发现了刘长春的价值，他们诱惑刘长春代表他们所扶持的傀儡政权满洲国参加奥运会，而得到的回答却是刘长春发表在《大公报》的严正声明："我是中华民族炎黄子孙，绝不代表伪满洲国参加第十届奥运会"。

1932 年 7 月，在爱国将领张学良的资助下，作为唯一一名代表中国的运动员，刘长春出现在美国洛杉矶第十届奥运会的赛场上，一个来自大连的中国人代表一个古老的国家走向了世界。70 多年以后，在全中国人的欢呼声中，这项牵引全人类视线的盛会终于来到华夏大地。那一刻，国人再一次把目光投向了大连。在很多国人心目中，刘长春一个人代表炎黄子孙在奥林匹克赛场上的起跑，凝聚着一个饱受欺凌的民族永远不会被打倒的精神。

改革开放以后，在殖民统治时期就给大连人带来强大精神支撑的足球，终于在一片沸腾中成为这座城市坚韧不屈、永不言败、渴望超越的集体性格的精神符号。1994 年，中国足球实施职业化改革以后，大连足球就把首个联赛冠军揽入怀中。在中国职业化足球最火爆的年月，大连先后在 1996、1997、1998 年和 2000、2001、2002 年两次获得三连冠。在那个大连足球最火爆的时刻，全中国的球迷们都曾探求过一个相同的谜团：为什么一个只有几百万人口的大连，却几乎扛起了中国足球的半壁江山？

这的确是一个耐人寻味的话题，但知晓答案的人却只有大连人自己。在很长的一段时间里，足球之于大连其实不仅是一项运动，而是发奋图强的不屈意志和抵抗外侮的精神武装。

这里是大连中山区民主广场，叮当作响的有轨电车把人们的记忆再次牵引回往昔岁月。19 世纪末期，这里是一片生长着小树林的空地。离此不远就是这座城市的原点：大连港。来港外轮上的船员利用卸货的空闲来到这里踢球，足球由此登陆大连。

1921 年 3 月 10 日大连有了第一支由中国人组成的足球队。它依然来自大连新文化运动的大本营——中华青年会，它的名字就叫作中华青年会足球队。随后，大连人组建了多支足球队。令人感慨万千的是，这些大连最早的足球队几乎无一例外都是以“中”字和“华”字来命名：隆华、商华、工华、新华、中联等等。

【采访】大连市足协原副主席 朱元宝

足球作为世界上第一运动，对抗性很强。当时在殖民统治时期，大连人民受到殖民当局统治是非常深重的，所以大连人民就希望通过体育运动，尤其足球这种利器来对抗殖民统治。应该说，由殖民当局传入的足球运动，是一种外来文化，但是它却承载着中国人自尊自强的信念，也承载着大连人对振奋民族精神的一种渴望。在球场上战胜殖民当局的球队，那是很提民族精气神的，很有凝聚力。用现在时髦的话说，就是很给力。

这些由中国人组成的足球队经常同外国人组成的球队比赛并且屡屡获得胜利。如中青队先后多次战胜英国太古轮船足球队、日本基督教青年会足球队，隆华队曾以 7:0 大胜日本足球冠军——拓殖大学足球队，还多次战胜日本满铁足球队，即使是该队先后从日本调来参加过远东运动会的早稻田大学的本田长康和参加过奥运会的著名守门员缬缬八郎也无济于事。一直到抗战全面爆发前，满铁足球队从未赢过上述几支中国的球队。

这是新中国的开国领袖唯一一张和足球队员在一起的照片，和毛主席握手的是大连造船厂足球队的队长李长平。1955 年 10 月，以大连造船厂足球队队员为主组成的中国联队迎战来访的缅甸国家队和拥有四名苏联国家队队员的苏联甲级劲旅泽尼特足球队。中国联队 9:1 大胜缅甸队，2:2 逼平苏联泽尼特队。

一个刚刚推倒三座大山，从旧世界废墟上站立起来的新中国，来自赛场上的胜利能够给人民带来多么大的振奋,只有经历过苦难屈辱的人才更能够深刻体会。经历了50年漫长黑夜终于迎来新生的大连人民不但以足球,还以全面开花的体育成就来展示着一个流浪的孩子回归到母亲怀抱之后无尽的欢欣。

【采访】原大连市体委副主任 任举一

一是刘玉英,她在1953年曾以13秒1的成绩打破了焦玉莲保持19年之久的13秒2的女子(百米)全国纪录,在同一年她又把她的纪录提高到12秒7,在同一年她还以27秒1的成绩打破了保持了18年之久的女子200米的全国纪录。再就是田径项目,其中田赛的铅球项目,石宝珠就在1953年打破过全国纪录,在连续5年当中她7次保持了该项的纪录。还有一位就是王毅,她的女子标枪是在1953年创造了全国纪录,据资料统计,她连续24次打破了女子标枪的全国纪录。

在"帝国主义夹着尾巴逃跑了"的时代旋律中,大连还在全国率先开启了体育向大众回归的历史进程。1949年10月,大连创编了新中国最早的广播体操《大众广播体操》;1951年,编出新中国最早的中学体育教学大纲《大连中学体育教学大纲》;1951年10月,大连一中、一高中、师范学校在全国第一批试行"冬季体育锻炼标准";1956年,大连第一个专门的体育教育机构旅大市青少年业余体校成立。各种业余体育运动队遍布大连的农村、工厂和机关事业单位。体育不再单纯是一种竞技,而作为一种文明的生活方式教化着大众,哺育着城市精神。在这一时期,大连医疗界甚至还向社会开出体育处方,一时领全国风气之先。

1978年,从十年噩梦中醒来的中国重新迈开了追赶世界的脚步。1981年,在香港举行的世界杯预选赛上,中国男排以3:2逆转当时的南朝鲜队,北大校园里喊出了"团结起来,振兴中华"的经典口号。中国体育再次担当起振奋民族精神的历史重任。

在时代最需要的时候,大连体育以一个又一个辉煌再次精彩亮相。

1981年在第三届世界杯田径赛上,26岁的大连运动员邹振先以17.34米的成绩获得三级跳远亚军,同时打破由他自己保持的亚洲纪录、全国纪录。这个纪录一直到2009年第十一届全运会上才由河北运动员以17.59米破掉，距彼时已整整28个春秋。

1983年9月24日，在挪威卑尔根举行的世界杯竞走比赛中，中国大连运动员徐永久以45分13秒4的成绩夺得十公里竞走金牌，同时创当年世界最好成绩，这块金牌也是中国田径运动历史上第一枚世界冠军金牌。

在上世纪90年代，大连体育更是呈现万马奔腾的壮阔景观，李永波、陈妍、王艳、姜翠华等近30名大连运动员在羽毛球、游泳、自行车等各类世界大赛上多次登顶，赢得金牌。

1996年7月28日夜，亚特兰大奥林匹克中心体育场，大连姑娘王军霞以14分59秒88的成绩获得5000米长跑冠军，这是中国运动员在奥运会长跑比赛中获得的第一枚金牌。

2000年悉尼奥运会，丁美媛获得女子举重75公斤以上级冠军，实现了夺遍奥运会、世锦赛、亚运会、全运会女子举重比赛的所有冠军，完成了个人大满贯。2005年3月，丁美媛被国际举联评为“世界举重百年最佳运动员”。

2004年，赖亚文、杨昊、刘亚男三名大连姑娘加盟的中国女排实现了二次辉煌，她们在两局落后的被动局面下，绝地反击，顽强逆转强大的俄罗斯队。继1984年首次夺得洛杉矶奥运会金牌的二十年后，中国女排再次在雅典奥运会上成功登顶。给国人带来过无数感动的女排精神从此注入了大连人晶莹的汗水。

1998年，国际奥委会主席萨马兰奇专程来大连为奥林匹克广场奠基，在这里他对一座城市发出了由衷的赞美：“大连在中国是一个非常重要的城市，也是中国的体育名城，你们培养出了不少优秀的运动员，还有中国最好的足球队，我由衷地祝贺大连！”

从2003年开始，大连市民喜欢上了一项新运动。从第一届的7000人到2010年第八届的20万人，大连的国际徒步大会已成为国内外瞩目的盛事。在国家的强大已经不再靠竞技场上的胜利来证明的时代，曾经用体育竞技赢得自尊的大连人正在让体育回归它的本质。

体育是大连人的生活方式，也是不甘寂寞的大连人精神的高地。更高、更快、更强——这座城市的人们正是怀着这样不灭的信念，穿过了百余年的历史风雨。它蓄积着这片土地生生不息的元气，更浇注起一座城市无坚不摧的伟岸气魄和永远龙腾虎跃的无尽活力。

（三）

从清朝到清末，民乐、皮影、秧歌、龙灯、舞狮、剪纸、窗花等中国民间艺术陆续传入大连。

1880 年，京剧传入大连。

1894 年，摄影艺术传入大连。

1906 年，电影传入大连。

1910 年，话剧传入大连。

1915 年，大连出现第一支管弦乐队。

1916 年，大连出现西洋画研究所。

1923 年，满铁建立东北第一个电影摄制所。

1925 年，大连出现第一家音乐学校。

作为一个典型的移民城市，在上个世纪初期，大连呈现出来南北交融、东西碰撞、传统与现代并存的纷繁复杂的城市文化景观。

1945 年 8 月，伴随着苏军的进驻，日本的投降，大连回荡起《解放区的天是晴朗的天》的美妙歌声。1945 年年末，中共大连市委接管了原日本中央放送局。1946 年 1 月 16 日清晨，大连广播电台发出第一声呼号。这是继延安新华广播电台之后，掌握在中国共产党人手中的第二个先进的现代传播工具。

不久之后，大连的百姓通过广播第一次听到了气势磅礴的《黄河大合唱》演出实况，演唱者是由延安鲁迅艺术学院师生组成的东北文工团，《黄河大合唱》成为大连街头口口相传的话题。来自延安的革命艺术家们惊叹于这个城市火山喷发般的爱国热情，他们接连演了 10 场，仍然场场爆满，盛况空前。

【采访】辽宁省文艺评论家协会副主席 王晓峰

东北文工团进入大连以后，包括许多从解放区来的党的文艺工作者、作家、艺术家，进入大连以后把党的文艺的火种播撒在大连各个角落。《黄河大合唱》在大连演出是用交响乐的方式，这样的方式应该说是第一次。

这一时期大连被称为特殊解放区时期。这个时期大连市文艺名流荟萃，曾一度集中了来自全国各解放区的文艺精华。除了演出以外，对大连更具深远意义的是这些后来享誉中国的艺术家们，还广泛地深入到工厂、乡村、机关、学校，举办音乐、戏剧、舞蹈、美术、文学等多种类型的培训班，为大连进行了一次高水准的革命文化的奠基。人民大众终于从文化艺术的看客成为创新文化、创新艺术的主角。据1948年的不完全统计：当时旅大地区已有各类职工文艺组织854个，参与人数11000多人，各厂矿几乎都有自己的戏剧小组、歌咏队。

【采访】辽宁省文艺评论家协会副主席 王晓峰

1948年8月有关单位举行的群众艺术周，实际上就是整个大连文学艺术创作的一个检阅和总结。当时这个艺术周十分活跃，也十分有影响，涉及戏剧表演、美术、摄影等很多艺术门类。这个活动持续了一个月，提出了一个非常浪漫或者说非常有意思的口号：让艺术还家。

令人感到惊讶的是，这场发育于新中国成立前、以"让艺术还家"为口号的群众性艺术活动居然穿越时代延续11年，一直坚持到了1960年。我们不难想象，在一个生活并不富裕、百废待兴的年代，"让艺术还家"该是一个多么富于诗意的畅想，也是大连人新生活的一次多么浪漫的开场！

1955年劳动节，由大连人张毅编导并主演的《花鼓舞》在大连首演，引起强烈反响。文化部派人专程前来考察，随后便安排旅大文工团出访苏联、蒙古等国，并到中南海为毛主席等中央领导人演出。1957年，《花鼓舞》在世界青年与学生和平友谊联欢节上获得金质奖章，这是中国文艺在国际大赛上获得的第一个金奖。

改革开放以后，中国迎来万象更新的春天，当时代的大潮奔涌而至，压抑已久的大连人一跃冲上潮头，以热情奔放的艺术激情亮相于改革开放后的中国。1980年，一支来自大连的轻音乐团在全国众多大城市里迅速掀起了一股大连旋风。

【采访】原大连轻音乐团歌唱演员 邹本娜

等到演奏轻音乐的时候，我们当时改革在哪呢？就是手拿麦克演唱，这更是当时没有，当时演唱全是立杆。结果观众下面看也懵了，看到我们演完之后好半天也没有掌声。寻思我们演得不好？当时演员更紧张了。过一会儿，观众才反应过来，这时候掌声就热烈得不行了，唱完一首歌又一首歌，演员就是下不了台。

然而演出的轰动很快演变为一场风波。国内多家有影响的报纸纷纷刊登批评文章,指出大连轻音乐团的演出"洋味浓"、"出洋相"、"流行歌曲多",是横行海外的"港台资产阶级腐朽台风"。最终这场风波以当时的辽宁省委第一书记任仲夷的一句经典回答得以平息:"马克思没说过走着唱是资产阶级!"

新文化运动时期的兼收并蓄,特殊解放区时期革命文艺的思想启蒙,中苏友好时期中苏文化交流的前沿城市,独特的历史轨迹为大连注入了独特的城市底蕴。改革开放,春风化雨,大连,这座如春花含苞一般的城市似乎在一夜之间就怒放于天下。

以邓刚、达理为代表的大连作家群把大连文学提高到了一个前所未有的高度。而电视剧和摄影两个艺术领域的"大连现象"让全国的专家学者热议至今。

从上世纪 80 年代末以《篱笆·女人和狗》为代表的"农村三部曲"到不久前红遍大江南北的《闯关东》,大连人以持久的创作激情,制造了中国电视剧的"大连现象"。新时期以来,大连创作拍摄的电视剧已达 90 余部,1000 多集。

自 1989 年设立中国摄影艺术最高奖——金像奖,大连人李元奇以《温故而知新》等 10 幅精美绝伦的黑白摄影艺术作品一举摘取首届金像之后,几乎每届金像都和大连结缘:郑永琦、马连胜、姜振庆、边缘、李秀生、赵大鹏接连摘取金像,大连成为全国获取摄影金像最多的城市。

而多彩的艺术形式也承载着大连这座城市的无尽神韵开始大踏步地走向世界。1982 年,大连杂技团远赴新西兰、澳大利亚开始了大连艺术团体在国外的首次商业演出。1986 年,时任中共中央总书记的胡耀邦满怀欣喜地为大连杂技团的大胆探索批示:"既宣传了中国,发展了友谊,又增加了收入,何乐不为?何乐而不认真地为一为!"

改革开放 30 年,来自中国大连的艺术团体频繁出访,让五大洲 60 多个国家的人们对一个古老国家的一座年轻城市充满着美好的想象。绵延 20 余载的大连国际服装节吸引了包括美国前国务卿基辛格、联合国前秘书长加利、国际奥委会主席萨马兰奇等全球知名人士亲自前来,一睹这座东方之城所释放出来的独特魅力。

1981 年,一个全部由庄稼汉、木匠和泥瓦匠组成的农

民铜管乐队让全国对大连刮目相看。1985 年,他们的事迹被拍成电影《迷人的乐队》,并获得中国电影金鸡奖特别奖。在很多中国城市都还没有一支像样的铜管乐队的年代,大连金州农民铜管乐队,成为吃饱了肚子开始追求精神文化生活的新型农民的象征。

一位曾在大连工作过多年,因为工作调动移居北京的老领导看完电影后,深情地感叹:“这才是大连!”

的确,这才是大连。

即使是在物质生活极其困乏,政治气候极其严峻的动乱年代,大连人也以“苞米面肚子,料子裤子”的群体选择来释放他们对于生活的价值观。当心灵终于不再为衣食住行所困的时代终于到来时,“让艺术还家”已经不是一句口号,而成为大连人的群体行动。

2011 年,这座坐落于大连第一个广场的剧院将迎来自己 60 岁的生日。为了和中山广场的其他建筑保持协调一致,前苏联主设计师纳耶夫仿照欧洲 19 世纪剧院流行的简约式对称风格,为大连城市设计了新中国成立以后第一座全国甲级标准剧场。1951 年,我国文学大师郭沫若得知剧院落成的消息,兴奋地为这座真正属于全体人民的剧院题写了名称:大连人民文化俱乐部。

此后 50 多年的岁月里,这里留存下大连人无数温暖的记忆。1953 年周总理曾率中央人民政府代表团在这里举行国宴和慰问演出活动;宋庆龄、彭德怀、徐向前等党和国家领导人也曾多次陪同外国贵宾在这里观看演出。这里塑造了大连城市高品位的文化形象,大连人民文化俱乐部也成为闻名中外的高雅艺术殿堂。

1995 年,大连市人民政府出资对其进行全面改建。1995 年 12 月 31 日,如同维也纳金色大厅,这里也回荡起了新年音乐会的美妙旋律。其后的 17 年间,来自俄罗斯、西班牙、德国、美国、加拿大、捷克等国外高规格高水准交响乐团相继加入到大连新年音乐会的演奏之中,大连新年音乐会已经演变成为这座城市迎接新年的仪式。

2008 年和 2009 年,大连市政府连续投资对俱乐部进行了全面的升级改造。2010 年,这个有着无数荣耀的剧场重现繁荣,呈现了几乎天天有演出的火爆景象。

今天整座城市都正在成为市民的舞台。赏槐会、夏季市民交响音乐会、国际啤酒节、国际服装节、烟花爆竹迎春会让属于市民的节日从春到冬。

2010 年,由退休的大妈、阿姨组成的大连市民合唱团前往维也纳金色大厅。世界公认的音乐圣地第一次回荡起来自大连普通市民的歌声。这看似普通的一次出行其实令人感慨万千:1948 年,大连就喊出了“让艺术还家”的口号,70 年后,大连的寻常百姓正在向世界最高的艺术殿堂出发。“学习一门艺术,培养一种高雅兴趣”,“打造文化大连”期待把大连人引领到艺术化生存的新境界。

新中国成立 60 多年来,始终奔涌在市民心头的艺术情怀同样让这座城市星光灿烂。上世纪五六十年代,在新中国为数不多的早期电影明星中,王心刚、方化、李亚林三个大连人所塑造的形象成为中国人难以忘怀的经典。改革开放后,李前宽和演员李羚、方青卓、董洁、秦海璐、余男续写着大连电影人的新风采。铁源、谷建芬、徐沛东、杨洪基、杨赤、付海静、袁晨野、孙楠在艺术的天空上为人们留下了挥之不去的回响。

2010 年 12 月 18 日,已有 120 年历史的法国巴黎卢浮宫沙龙艺术展将年度最高奖“沙龙特别奖”,颁给了来自中国大连的画家石自东。这是中国人首次登上这一世界艺术最高殿堂的领奖台。法国国家美术家协会主席弗朗索瓦·贝莱特在观看石自东作品后欣然写下感言:“他让我们看到中国新绘画为当代艺术所做出的贡献,他的作品令大皇宫的观者流连驻步,为不朽的中国赢得无上荣耀。”

【采访】画家 石自东

丹纳的艺术哲学,非常重视考证一个城市的地理环境、教育背景、历史文化等对一个艺术家的塑造,和对艺术家艺术个性形成和演化(的作用)。实际上大连就比较典型地说明了这个问题,它的文化群体和艺术家群体,自然而然地和这个城市的成长是同步的。

一座座欧陆风情的典雅建筑,一个个风格各异的广场,滨海路蜿蜒在海天之间,木栈道柔软地通向看不见的远方。碧绿的芳草、雅致的鲜花,形态各异的雕塑,英姿飒爽的女骑警盛装舞步般优雅地走过街头,不时惊起一群白鸽在空中飞舞。

一位哲人说过:艺术最可贵的本质是完美主义精神,任何平凡的事物演绎到艺术层面都几近完美。艺术的状态最和谐,艺术的状态最优美。当艺术的精神渗透到我们这座城市人民的生活细节中,并最终演变成大多数人的生存方式的时候,人们将不难想象那将是怎样一番幸福的生活图景。

(四)

这是大连最早出现的由中国人开办的现代学校:大连中华青年会附属学校。附属学校设有白天和夜晚两个学部。白天招收青少年,夜晚招收在职的工人、店员,对不识字的贫民免费开办识字班,先后招收学员达数千人。在此之前,大连地区由中国人开办的学校多属于私塾性质。沙俄和日本统治旅大时期,他们抢先霸占的就是教育机构。沙俄占领金州后,把闻名四方的金州南金书院改为俄清学校,日本占领旅顺后强令撤并中国人开办的学校,改为日本人控制的公学堂。关向应在自传中所描绘的侵略式教育,正是日本殖民当局通过办教育实施所谓的"精神征服"的具体体现。

当年大连的新文化运动也正是从教育入手,开始了对殖民者文化侵略的顽强的抵抗。

【采访】大连工运史专家 刘功成

受大连中华青年会学校的影响,大连的一些爱国知识分子纷纷集资办学。1922 年 6 月,大连中华增智学校成立。1924 年的年底,大连中华觉民学校成立,从中华觉民学校这个名字就可以看出,它是要教育国民觉醒。到了 1924 年下半年的时候,大连的中国人的教育团体就达到了 10 余家。这些中华学校的建立,也就是中国人办的国民教育学校的建立,打破了日本在大连推行奴化教育这个局面。

我国近代知名教育家陶行知曾经指出:"教育是一种武器,是民族人类解放的武器。我们必须拿着现代文明的钥匙才能继续不断地去开发现代文明的宝库,保证川流不息的现代化。这个钥匙便是活用的文字符号和求进的科学方法。普及教育运动之最大使命便是把这个钥匙从少数人的手里拿出来交给大众。"大连的现代教育就是在这样的背景下迈出了艰难的第一步。

1945 年 8 月日本投降后,一批欢欣鼓舞的大中专学生以创办学校的方式来表达自己教育报国的美好理想。

他们把这所学校取名为育英学院，这是获得解放后旅大地区成立最早的普通中学。今天，当我们回望解放初期的岁月，发现这些青年学生所为其实代表了整座城市的心愿。

1946年5月，大连诞生了中国最早的技工学校，中长铁路大连铁路工厂青年技工学校。

1946年8月到9月间，奠定大连高等教育格局的关东工业专门学校、电气专门学校、俄语专门学校、文法专门学校和医学院共5所高等学校竟然在一个月之内挂牌成立。

1950年4月，一所面向普通大众的新型中学——大连工农速成中学成立，它的招生对象是参加革命或产业劳动一定时间的优秀干部和工人。1950年到1954年4年间，它招生人数达到了近3000人，后来他们绝大多数升入了高等学校深造，还有一部分毕业生被选派到了苏联留学。

今天，这依然是全市的高中生们渴望走进的大门。但是已经很少有人知道这所学校的第一任校长是当时这座城市的第一任市长毛达恂，第一任教务长是革命烈士杨开慧的堂妹杨开英。1949年9月1日，距新中国开国大典恰好一个月之前，大连二十四中的前身——大连育才中学正式开学。它的首批学生有很多是正在向全国进军的南下干部的子女和烈士遗孤。开国元勋徐海东、宋任穷的子女都曾在这里就读。

1951年元旦，新中国总理周恩来亲临这所仅仅成立了两年的学校，并留下了亲笔题词：你们学校是培养人才的学校，很注意学生的德育和智力的培养，你们要教育孩子们爱祖国、爱人民、爱劳动，这要靠你们去创造教育的方法。今天，共和国开国总理的教育理念被刻在巨石上屹立于学校的操场。

【采访】大连二十四中校长 黄启成

对今天的学生，我们不仅提出来他的学业要优秀，而且要提出他的人格要健康，然后提出在三年的高中生活要幸福而优秀，把这作为一个完整的人格教育，然后延续到今天。

或许正是共和国总理关于创造教育方法的嘱托，让大连为新中国的教育事业奉献了一位享誉全国的教育家:冷冉。这位在抗战时期就在我党领导的根据地从事小学教育事业的教育家,由于出身的缘故一生坎坷。1978年复出以后,把余生的精力全部投入到了教育方法的研究事业中。在上个世纪80年代,他率先提出了“教育社会化定向干预论”、“阶段连续德育体系假说”、“情·知教学思想”和“学校管理运行机制活力说”等教育基本理论,逐步形成了一个完整的系统的具有鲜明个性特征的“冷冉教育理论体系”,并在全国教育界引起广泛影响。

【采访】大连市教育协会会长 王允庆

用原中央教科所所长滕纯的话讲,冷冉是中国真正的教育家。特别是他的“情·知教学”,他在中国最早注意到学习当中情性因素和认知因素是统一地作用于学习,在这一点上我认为他的贡献是很大的。

2007年12月24日,著名教育家冷冉因病去世,终年88岁。2010年,冷冉教育思想创新研究基地在大连建立,他终其一生所创立的教育思想给大连的教育事业带来了深刻影响。

改革开放以后,历届大连市委市政府都把教育放在了优先发展的重要位置,并提出了“科教兴市”的发展战略。1995年,大连成为全国首批实现普及九年义务教育的省属市。从1996年开始,大连关于发展教育的思考又走在了全国的前面。

【采访】大连市教育协会会长 王允庆

教育是让人的所有品质,人类所有具有的美好品质,他能够拥有,而通过教育让他自己身上的潜能得到激活唤醒,并让它实现,这是教育应该完成的任务。因为教育不是功利的,教育是让人完善,和让人能够知道如何让自己幸福,让他人幸福。大连市教育的领导和我们的政府,特别在改革开放以后,通过改造薄弱学校,通过普及九年义务教育,乃至于普及九年义务教育之后提出来区域义务教育均衡发展,都是本着这样一种公平的精神来进行的。因为我们认识到,我们所追求的教育不是为一少部分人,而是让每一个人得到幸福,让每一个人走向完善。

2007年9月,大连轻工业学校的师生迎来了共和国总理的视察。他们所创造的“在做中教,在做中学”的经验得到了温总理的高度评价。总理对数百位学校师生说:"因为职业教育是面向社会各个方面,面向各个阶层,面向人人的。只有把职业教育办好,才可能真正使其成为面向人人的教育。"

两年以后的2009年,在天津举行的全国职业院校技能大赛上,大连代表团共获12个金奖、25个银奖、15个铜奖。作为一个副省级城市,大连超越了众多经济大省和职教强省脱颖而出,大连在职业教育领域又创造出了全国的瞩目"大连现象"。

【采访】大连市教育协会会长 王允庆

改革开放以后,在进行中等教育结构调整的过程当中,大连在全国率先实现了普职比国家的指标。所以当时在教育部有一个说法,南有厦门,北有大连。以富丽华为例,富丽华109个厨师里面,其中有职业学校培养的厨师104个。所以窥一斑而知全豹,就可以想象我们其他行业里面,为改革开放以后各种企业在大连落户提供了这样有技能的人才保障,这个是功不可没的。

1947年,大连迎来了一位来自延安的年轻人,今天他已经化作一座雕像永载新中国的教育史册,他的名字叫屈伯川。1939年从德国留学归国的屈伯川辗转到了延安,毛泽东亲自邀请他和在延安的几位自然科学工作者一同进餐,共商创办解放区自然科学教育的大计。不久之后,屈伯川就参与了创办延安自然科学院,并亲任教育处长。1947年1月,屈伯川来到大连,和李一氓等人一起,于1949年4月,创办了大连地区第一所新型正规大学,也就是今天大连理工大学的前身——大连大学。屈伯川亲自担任大连大学工学院院长。

在不到一年时间,大连大学工学院就办起了全国一流的物理实验室。后来成长为中国光学事业奠基人的王大珩始终铭记屈伯川的知遇之恩,在1991年5月重返大工时,仍无限深情地对他当年的学生说:"那是中国知识分子十分舒心、精神振奋的一段美好日子。"

1952年,屈伯川又"三顾茅庐",从浙江请来了著名的力学家钱令希教授。从此,两人的合作从满头乌发到双鬓染霜,把当年的大连工学院,今天的大连理工大学建设成为全国知名学府。1980年,屈伯川主持创办了中国改革开放以后第一个引进国外现代管理教育的办学机构——中美两国政府合办的中国工业科技管理大连培训中心。1983 年 5 月，他联合南京大学名誉校长匡亚明等知名学者上书中共中央书记处，提出“关于将 50 所左右高等学校列为国家重大建设项目的建议”，受到邓小平及其他中央领导的高度重视。最终这一建议演变成中国高等教育的重大战略决策，90 年代初期，国家教委开始在全国实施“211 工程”。

1997 年 1 月，《屈伯川教育文集》出版。他在延安时代的学生，时任国务院总理的李鹏亲笔为自己的老师题写书名。根据屈伯川的遗愿，他的骨灰撒在了他为之奋斗了 60 年的理工校园里，在他的塑像后面，屹立着以他的名字命名的图书馆——伯川图书馆。1981 年，已经 72 岁高龄的屈伯川把大工校长的接力棒交到了钱令希院士手上。这位把一生都献给了祖国的教育事业的教育家，把人生的最后一段岁月献给了大连的又一所新大学，今天的大连大学的创办上。

1987 年 10 月，在原大连理工大学分校的基础上，合并了大连医学、师范等学校，组建了新的大连大学。

改革开放以后，大连的高等教育实现了前所未有的跨越式发展，大连高校已经增至 31 所。据最新统计，大连高校的数量和在校生数，已经上升到全国计划单列市的第一位。

对于大连来说，更具意义的是高等教育的快速发展带来了整座城市科研创新能力的极大提升。2000 年，这片山清水秀的地方有了一个新名字——大连理工大学科技园，2004 年 3 月，经科技部、教育部验收，这里被认定为“国家大学科技园”。就在理工大学大学科技园落户七贤岭的同一年，大连市政府协调大连理工大学与 20 家企业联合成立了“大连理工大学(大连)校企合作委员会”，大连形成了依托高校和科研院所促进科技成果转化的新思路。

改革开放以后，大连市的科技成果转化与科技自主创新的路径始终走在全国的前列。1984 年经济技术开发区的建立，走出了一条通过中外合资、合作企业引进技术，而后走向自主创新的道路。1991 年高新技术园区的建立，使自主创新有了新基地。2000 年在市委、市政府的主导下，构建了以企业为主体，产学研合作为标志的自主创新体系，大连的科研创新能力步入了高速发展的快车道。

2006年,来自大连化物所的杨学明科研创新团队实现了"在量子水平上观察到化学反应共振态",突破解决了30多年来化学研究中一个悬而未决的国际公认难题。2007年,同样是这个团队,又发现了波恩—奥本海默近似在氟加氘反应中完全失效的重要科研成果,这两项成果分别入选2006年度和2007年度中国十大科技进展新闻。

2008年,来自大连理工大学的郭东明科研创新团队结束了机械制造领域连续24年没有获得国家技术发明奖一等奖的历史:他们以硬脆材料复杂曲面零件精密制造技术与装备的重大成果,解决了我国重大工程中的复杂技术难题,对提高我国重大装备的制造能力和水平带来深远影响。

2008年6月24日,随着一声汽笛长鸣,一列"和谐号"动车组瞬间提速,风一样驶离北京,奔向天津。15分钟后,速度显示屏上跳出394.3的数字。

与风竞速,陆地飞行。中国高铁不断地制造着世界瞩目的神话。在神话的背后,也挺立着来自大连的创新团队。在中国高铁迅速起飞的长达20多年的时间里,十几家大连科研群体为这项国家战略做出了自己的贡献。东北特钢高速列车铁路减振用弹簧钢及制造方法等7项研究成果获得了国家发明专利。

2011年1月14日,在北京召开的国家科学技术奖励大会再传喜讯,由中国北车集团大连机车车辆公司领衔研制的和谐3型大功率交流传动电力机车以"核心技术达到世界先进水平"的优异评价,又为大连赢得了2010年度国家科技进步一等奖的殊荣。

1996年,这里诞生了我国第一只质子交换膜燃料电池,这是利用氢氧化和释放能量的新思路来破解人类能源危机的一个具有革命性意义的重大探索。2001年,大连化物所联合国内三家上市公司成立了大连新源动力股份公司,一项诞生于实验室的科研成果正在以前所未有的速度走向产业化进程。

2000年,这家为新中国的科学技术和经济建设做出了重大贡献的国家级科研机构,向大连的普通市民敞开了曾经神秘的大门。院士、高级研究员,这些令市民们仰慕的科学家们亲自为市民们打开充满奥妙的科学世界。从最初的开放日到现在的开放周,科学不但振兴着城市的经济发展,更在哺育着城市的精神世界。

一位哲学家说过:一个民族有一些关注天空的人,他

们才有希望;一个民族只是关心脚下的事情,那是没有未来的。而科学和教育的力量就在于它能够让人们抬起头颅仰望天空。今天,在我们这座城市工作生活着22名院士,他们是我们这座城市仰望天空、探求真理的先锋。让我们以城市的名义向他们,向教育和科学表达自己深深的向往和无限的敬意!

尾 声

大约22000年前,历经数次海进海退,大连地区终于完成从大海深处的攀升,奠定了今天的地貌格局。

如果从旧石器时代瓦房店古龙山人算起,大连地区拥有17000年的人类史;如果从考古发现的远古夷文化遗存算起,大连地区拥有7000年的文明史;

如果从汉朝在大连地区设沓氏县算起,大连地区拥有2300年的地区城镇史;如果从大清王朝兴建北洋海军重镇旅顺算起,大连地区拥有130余年的近现代城市历史。

这是一片饱经磨难的土地,更是一片演绎传奇的海岸。

穿越沧桑历史,叩问大海苍天。大连,如同一个在祖国的苦难中早熟的孩子,在风雨中流浪,在沉思中成长,在开放中崛起。今天,当人们瞭望中国北方这一片黄金海岸的时候,他们看到的不仅仅是一座气势恢弘的城市,更会看到一座城市光华四射魅力无限的精神家园。

回望历史的背影,热爱家乡的自强品质,不懈探索的理性精神,有容乃大的宽广襟怀,卓尔不群的审美追求,崇尚卓越的创新激情,陪伴着城市走过百年的沧桑。这是大连的城市之魂,是托举这片雄浑的海岸巍然崛起的力量源泉。

这就是大连——物华天宝、人杰地灵。

这就是大连——我们美丽的家园。

第十集　深蓝色的畅想

这是一片深蓝色的世界。恒久的星空仍然是那么的深邃，人类却从没有像今天这样为之痴迷而勇于探索；大海的波涛已经翻滚亿万年，人类却从没有像今天这样自信而充满智慧。

历史，是一个绵长的过程。正如康德所说："那最神圣恒久而又日新月异的，那最使我们感到惊奇和震撼的两件东西，是天上的星空和我们心中的道德律。"感性的天空与理性的思维，都需要我们把实践作为出发点和归结点，在时间的轨道上去探索、去追寻。

一个多世纪的栉风沐雨，砥砺出一座年轻而现代的城市，历经风雨沧桑，依靠发奋图强，大连以港口为引擎，以大工业为脊梁，巨人一般以铿锵的步伐走过历史的岁月，创造了今天的荣耀与辉煌。

当历史的时针划入21世纪，当经济全球化步入新阶段，当东北亚经济区成为世界瞩目的热点，当新型城市发展令世人耳目一新，大连又将以什么样的姿态迎接新的挑战？我们城市的未来又会是一番什么样的景象呢？

也许今天的人们不可能完全描绘出未来会是什么模样，但是在人类社会加速城市化进程的时间轨迹上，总有领跑者的身影能带给我们这样那样的启示，总有先行者的足迹能让我们更为准确地去把握通向未来的路径。

让我们站在世界的空间，去观照全球城市化进程的亮点，去引鉴发达国家可参照城市的成功做法，去解读这些闪耀着历史与现实光彩的启示，面向未来开启我们深蓝色的畅想。

（一）

2010年，拥有150多年历史的世界博览会第一次走进中国。"城市，让生活更美好"，这句代表当今人们共同愿望的表述语，成为这个夏天世界的流行话题。

古希腊哲学家亚里士多德说，人们之所以从乡村来到城市，是为了让生活更美好。中国《吴越春秋》讲，"筑

城以卫君，造郭以居民”。尽管东西方有着截然不同的文化背景，可是人们追求美好未来的理想却如此的一致。从老子的“小国寡民”到柏拉图的《理想国》，从陶渊明的“世外桃源”到乌托邦，寻找诗意安居的梦想，贯穿于人类历史的长河。

作为大工业的伴生物，现代城市作为先进生产力的空间载体，凸现在世界文明发展这个大舞台的中心，从此，人类社会城市化的浪潮在一次次工业革命的推动下激荡澎湃。

今天，当全球形成一个由资本、金融、信息、技术构成而相互依赖、相互作用的网络，城市这个伴随全球工业化和现代化浪潮快速发展起来的庞然大物，已经聚集了全世界60%以上的人口，成为人类文明的中心，成为政治、经济和文化活动的核心节点。几乎没有人怀疑，21世纪是城市发展的新纪元。

【采访】博鳌亚洲论坛原秘书长 龙永图

由于经济全球化这样一种形势的发展，国际之间的竞争越来越激烈，而国际竞争的一个焦点实际上变成了一些大城市之间的竞争，大城市带的竞争。因为大城市带实际上是一个国家综合国力的集中体现，实际上也是一个国家国际竞争力的集中体现。

在世界各地，城市带来充分的活力与繁荣，但是在这种繁荣景象的背后，人们也无法回避由过度工业化和城市化所带来的负面效应。过分追求发展总量和速度导致资源利用率低下，经济发展结构不平衡，环境破坏日益严重，住房、交通、教育、公用设施的超负荷以及失业、犯罪等社会矛盾的加剧，还有在物质生活得到提升的状态下，人的幸福感却在不断下降等问题，已经成为城市肌体当中难以抚平的创伤。

经济和社会学家认为，当一个城市通过工业或者是单一资源发展实现经济振兴，在进入后工业化时代之后，它必须依靠综合创新，实现产业升级或转型，以信息化和智慧型的高端产业样态，使城市迈上新的发展台阶，最终使作为生命个体的人得到全面发展。

【采访】清华大学中国与世界经济研究中心主任

李稻葵

一个城市的发展就是产业不断升级发展的过程，所以从制造业的一个重镇，转化成研发中心，转化成为总部中心，转化成金融中心，这是一个理想的城市发展轨迹，非常理想的优美的故事。

素有“钢都”之称的匹兹堡位于美国东北部。它是宾夕法尼亚州第二大城市，仅次于费城。匹兹堡依山傍水，阿勒格尼河与莫农加希拉河在此交汇，流入俄亥俄河，形成半岛似的金三角地带。

19 世纪上半叶，人们在该地区发现了优质大煤田和铁矿，钢铁工业随之兴起。迅速发展的水运和铁路保证了钢铁和原料的运输。工业巨头们纷纷在此建立大型企业，出生于苏格兰的工业巨子卡内基在这里经营几十年，钢产量扶摇直上，创建了拥有钢厂、煤田、铁矿、铁路和内湖轮船公司的一条龙集团，被誉为“钢铁大王”。1901 年，卡内基钢铁公司和联邦钢铁公司等企业合并成美国钢铁公司，一度成为世界最大的钢铁企业。

钢铁工业为匹兹堡带来过繁荣，也带来了严重的环境问题。整个城市淹没在炼钢厂的烟雾之中，甚至白天也要开路灯，成为“黑烟之城”。空气污染、河流混浊，生态环境遭到很大破坏，连市长都把自己的城市描绘为“美国最脏的煤渣堆”。

【采访】东北财经大学教授 张军涛

就像有人形容的那样，生活在匹兹堡这样一个城市，就像是生活在一个打开地狱盖子的城市。原来已经有的一些公司企业的总部纷纷迁走，那么还有大量的工人，随着这种钢铁工业的（发展）。因为我们要治理环境，要治理这种环境的污染，必然要对一些污染严重的，特别是非支柱型的这种企业进行治理和整顿，这样导致的一些结果，就是一些非支柱的产业关门，还有大量的工人失业。

严酷的现实迫使匹兹堡从以钢铁为主的重工业向多样化的经济结构转变。在整个 80 年代，匹兹堡地区丧失了 12 万个制造业就业岗位，同时创造了 11.5 万个新就业岗位，这些就业机会大都在教育、保健和研究部门，其中先进科技领域的发展更为迅速。

【采访】东北财经大学教授 张军涛

经过多年的发展,使得匹兹堡的产业实现了一个良好的转型。现在我们可以看到在匹兹堡的城市经济当中,高科技产业、生物技术、金融服务业,乃至于机器人制造等等一系列的这种低碳绿色的产业,无论是从就业的人数上,还是对城市的整个经济的发展所做出的贡献都排在了前列。

经过治理的匹兹堡,恢复了山清水秀的面貌,遍地绿树芳草。市内空气清洁度和河流水质均达到了政府规定标准。全美 100 家大公司中,有 7 家设在这里。日本和西欧各国也看好这座城市,纷纷前来设厂或建立办事处。市区一改旧观,开通了地铁,出现了一系列新建筑。一座濒临绝境的城市获得了新生。

【采访】大连市经济学会会长 杜辉

从世界经济发展的一般规律来看,一些地区和城市,从开始的时候依靠单一资源实现快速增长,往后如果说能够加速进行它的资源的替代和发展优势的替代,它就可能实现新的发展,反之就可能出现这个区域经济的衰落。

从这个意义上说,城市既是麻烦的制造者,也是问题的终结者。匹兹堡的转型故事无疑给我们带来了某种启示,工业化能够带动城市化,但城市依靠工业发展到一定阶段之后,必须通过资源的重新配置,实现一种更加良性的经济运行结构,才能继续谱写出更具华彩的城市乐章。

人们由此不禁产生疑问,城市的发展,能否避免像匹兹堡一样的大起大落,能不能依靠一种更加安全的核心资源,通过综合创新加以放大或者升级,找到一条更为顺畅的发展路径呢?

让我们把视线从美国东海岸的匹兹堡,转到西海岸的著名港口城市西雅图。

位于美国埃利奥特湾和华盛顿湖之间狭长地带上的西雅图市,是北美大陆西北部太平洋沿岸的最大城市,拥有可以通往亚洲、大洋洲和阿拉斯加的港口和多条海上航线。西雅图在美国对外贸易中扮演着重要角色,中国改革开放后第一艘抵达美国的货船就是开往西雅图港。

目前，西雅图港拥有4个集装箱泊位，近几年集装箱业务增长迅猛，已经成为美国西海岸主要的集装箱港口。

【采访】西雅图港务局运营总监 查尔斯

我们的经济基本上是与那些经此转运美国内陆的国际业务连在一起，这要求我们必须提供更好的服务，否则货主是不会选择在我们这里进行中转。

西雅图被称为美国最有创新意识的港口。1850年，卡尔·马克思发现了“重要的不是市场在空间上的远近，而是商品到达市场的速度”，提出“用时间消灭空间”这个经济哲学命题。在新经济、互联网时代，这一“经济时空相对论”被西雅图演绎到了极致，西雅图港在美国最早采用电子数据交换平台，通过终端控制系统，做到客户无需交付订单，便可以检查任一集装箱的到港时间、走货日期，是否交付海关或运送费用等，极大地满足了客户的需求。集疏运体系建设占到港口投资总额的四成，便捷的交通网络使货物能够在最短时间到达客户的指定位置。

【采访】大西雅图区贸易发展联盟总裁 斯塔夫

港口的竞争不是争夺货物，而是争夺远洋航线，一个远洋航线来到我们港口，并把我们港口作为其在北美的重要停泊港，那么许多货物将会来我们这里中转，所以说港口是驱动器，港口是工作机会的主要创造者。

港口的繁荣带动了物流业的发展。总部设在西雅图的Expeditors公司是世界排名前十的物流企业，在全球拥有200家办事机构，主要为客户提供报关、配送管理、拼货、订单管理、物流信息等服务。虽然业务众多，但依靠高度的信息化和网络化，不论是何种业务，签约前半个小时，Expeditors总部一定会为客户制订详尽的保险文本，而且为保证海运货物在美国尽快通关，公司有专门的快速通关流程。

【采访】Expeditors 物流公司出口部经理 泰德

运货的船只抵达西雅图港，我们这里有专门的场地来安置，两三天或者四天后，货物将上架，我们的计算机系统将输入货物的相关信息，整个过程很迅速。

随着港航业的一步步发展，西雅图的城市竞争力显著提升。西雅图把高科技项目、临港工业作为发展重点，航空航天、信息技术、生物工程、木材加工和渔业成为西雅图的主要产业项目，在这个基础上，西雅图凭借良好的城市自然环境，吸引了众多国际大公司，著名的波音公司和微软公司就落户于此。“总部经济”使西雅图的金融业、商业、服务业、旅游业和文化产业始终处于良性运行的状态下，城市经济总量和人均收入稳步上升，成为美国最富有的城市之一。

【采访】清华大学中国与世界经济研究中心主任 李稻葵

金融业附加值很高，能比较容易地给城市带来各种各样的财政收入。财政收入高，收税嘛。再有城市的服务业也能够受益，像办公楼咨询公司交通服务都能受益。服务业本身带来了附加值，附加值又带来了进一步产业发展。

从港口发展得到最大利益的西雅图人，眼下又把目光放到了港口功能提升和港区综合利用上，西雅图人希望“港区的每一寸土地都会产生效益”，希望通过现代港口建设进一步提升城市竞争力。从2006年至今，西雅图市先后投入60亿美元用于现代港口建设，西雅图港的综合实力在美国众多港口中扶摇直上，目前已跻身美国主要港口行列。

【采访】美国联邦海事局局长 夏恩

如果我们放眼全球，可以发现如果一个城市想成为经济中心，就要有港口、就要有航运、就要有贸易，这样才能带来资金用于投资城市自身建设，从而吸引制造业或其他服务业，这样才能不断积累资本，发展起来。

城市与港口共荣，在世界港口竞争日趋激烈的背景下，西雅图凭借创新意识和持续不断的投入使港口充满生机，也使城市的经济运行始终处于良性状态，没有出现产业或者经济动荡影响城市形象和居民生活的状况，这无疑是城市发展的一个范例。

(二)

这是今天大连地理疆界最北端的天门山，山清水秀，奇峰林立。

2004年，在天门山下的仙人洞自然保护区，发现了清朝光绪十三年(公元1887年)的一块护林碑。碑文写道："因林少人多，故立此约：一有放野场者，罚钱四十吊；一有留外人割柴者，罚钱二十吊；有放荒火者，罚钱十吊。"这是大连地区先人保护森林最直接的记载。

【采访1】庄河仙人洞国家级自然保护区退休干部 赵禄昌

他们说赵书记，你这个碑没有用，打碎得了。我说什么碑？我一看顶上写着御林碑。上面写着住家、防火、罚多少款、罚多少吊交会上。

【采访2】庄河仙人洞镇文化站站长 徐显和

当时人都有这么个认识，何况咱们现在的人呢？

的确如此，从古到今，人与自然的关系都是人类最关注的命题，更是历史发展的永恒话题。大自然赋予人类生存、繁衍与发展的基础，但大自然也无时无刻不在给人类以严峻的考验。

【采访】辽宁师范大学城市与环境学院地理科学系教授 任学惠

随着生产力的发展，人们利用自然的能力不断提升，尤其是近百年来，工业化的负面效应不断侵蚀大自然的母体，给人类的生存环境带来一次又一次的伤害。百年前希腊、小亚细亚等地的居民，为了获得耕地，毁灭了森林，但是他们做梦也没有想到，他们获得了耕地，但是也失去了水分的积聚中心和储藏库。

恩格斯曾详尽而深刻地指出，人固然可以通过他所做出的改变来使自然界为自己的目的服务，来支配自然界，但是我们不要过分陶醉于我们人类对自然界的胜利。对于每一次这样的胜利，自然界都对我们进行报复。

那么，对于一座由工业化发展起来的城市而言，如何破解发展与环境之间的矛盾，实现人与自然的可持续发展呢？

北九州是日本四大工业地带之一，曾经为日本经济高速增长发挥了巨大的作用，但另一方面，也出现了深刻的环境公害问题。上世纪60年代，北九州市成为全日本大气污染最严重的地区，工厂排放的污水让附近的海湾变成了死海。

对于这些公害，最先行动起来的是孩子的母亲们，她们非常担心孩子们的健康，后来，通过社会各界的呼吁和媒体的宣传报道，提高了人们对环境污染问题的认识，促使企业和政府部门开始对环境公害采取措施。

由于市民、企业和政府部门携手共同行动，到上个世纪80年代，北九州的环境迅速得到了改善，城市声誉大为提升。从中领悟到更深一层道理的政府和企业看到了环境的重要性，开始通过政策法规和产业规划将环保和循环经济的理念延伸到社会经济发展的各个角落。将"产业振兴"与"环境保护"进行统合，以环保开拓经济，实施"产业环境化、环境产业化"战略，探索让城市进入循环，构筑循环型社会的"北九州模式"。

从1960年世界"环境公害城市"到1990年荣获的"全球环境500佳"称号，北九州作为环境先进城市而受到国内外的高度评价。

【采访】著名经济学家 厉以宁

为了子孙后代，我们要保护好环境，环境是我们与子孙后代共享的、共有的，资源也是共享的。如果我们这一代把资源全浪费了，（资源）枯竭了，或者环境都破坏了，都不适合人居住了，这样就对不起子孙后代！

在人与环境的关系中，单纯注重对环境的保护并不是问题的全部。进入21世纪，一些城市在此基础上开始制订更加长远的计划。在2010年上海世博会上，德国城市汉堡，以在中国境内首个获得认证的"被动房"——汉堡之家，传达出建筑环境与自然环境的美妙和谐。

“被动房”，是指通过充分利用太阳能、地热能等可再生能源，使采暖消耗的一次能源大大低于日常水平的房屋。在汉堡之家，不需要空调和暖气，就能四季保持室内25℃左右的恒温，建筑所消耗的外部能源只有普通房屋的10%。其原型是汉堡市的“港口城”项目，通过重新设计改造，这一老城区将被打造成拥有大量生态型建筑的商住大型社区，也是欧洲最大的城区重建项目之一。

作为欧洲绿色城市的代表之一，汉堡凭借这个项目和持之以恒的低碳战略，被评选为2011年欧洲“绿色之都”。在全球气候变化和能源危机的大背景下，“绿色之都”的称号让汉堡透射出环保和智慧之光，也让这个背靠鲁尔工业区，以物流和临港工业闻名的古老城市，找到了新的城市发展路径。

当人类的历史进入21世纪，在人与城市这个关联紧密的纽带上，环境因素已不再只是保障人类诗意栖居的重要条件，而是成为人与城市共同发展的核心要素与加速器。当新环境理念和新型工业发展互动融合，人们发现环境保护与工业发展，这两个原本被看做相互矛盾的主题，竟然会有如此浑然天成的演绎，它所创造出的新城市样态，成为人类实现未来梦想的基石。

（三）

这是距离荷兰首都阿姆斯特丹不远的小城哈勒姆，中央市场广场上的老建筑组成一幅具有鲜明中世纪风格的360度油画，在这些老建筑里，就包括建于13世纪的前市政厅大楼。

今天，这栋800年前的建筑虽经过多次维修，但仍按原貌保存完好，成为哈勒姆城市的标志。人们在这里驻足，仿佛又回到了中世纪欧洲那特有的文化氛围中。而小城哈勒姆也由此成为作家、艺术家和旅游者的天堂，小仲马的经典小说《黑色郁金香》曾经描述了这座古城的风貌，多部好莱坞电影以哈勒姆市为外景地。

城市是人们精神的家园，是人类文明的载体。马克思指出，没有城市，文明就很少能够兴起。而城市各个时期的文化遗存就像一部部史书、一卷卷档案，记录着这座城市的沧桑岁月。当今学者们普遍认为:完整地保留这些标志着当时文化和科技水准或者具有特殊意义的文化遗存,才会使一个城市的历史绵延不绝,才会使一个城市始终放射诱人的历史魅力和时代光彩。

【采访】国家文物局局长 单霁翔

在这方面,我想首先是个文化理念的问题。今天中国城市建设以一个空前的规模展开,城市化的进程也在不断地提速。在这样的过程中,确定自己城市文化的定位,特别是深入挖掘自己的城市文化内涵,在城市建设中,使各个时代的历史文化遗存,都能找到自己存在于当代,进一步展示它的保护的必要性的一些空间。从而使它的历史文脉叠加越长远,各方面展示的效果越综合,一个城市就越有文化底蕴!

英国首都伦敦,早在2000多年前,是作为罗马帝国不列颠省的首府而存在的,今天的伦敦城,仍保留着当时的商业中心和金融区。但在进入工业时代以来,伦敦逐渐发展成为国际化大都市,工业的持续、快速发展,对伦敦文化遗产带来巨大的冲击,而第二次世界大战时期,德国空军对伦敦的轰炸,更使一大批古建筑和文化遗产从此消失。

20世纪六七十年代,世界发达国家因工业的衰退导致社会矛盾和动荡加剧,再加上此前的大规模城市改造给城市文化带来的破坏,英国各主要城市的竞争力普遍下降,犯罪、吸毒等“城市病”肆虐。20世纪70年代中期,英国政府通过对城市理论的探讨、城市政策的修订和城市建设的实践,出台了《英国大都市计划》,提出了“城市复兴”的概念。该计划着眼于对现有城区的管理和规划,而不是对新城市化运动的规划和开发。

引人注目的是,城市文化在城市复兴的实践当中起到了巨大的推动作用。2002年年初,英国历史建筑和古迹委员会发表的报告《变化的伦敦——一个变化的世界中的古老城市》指出:古建筑不是伦敦经济增长的累赘,而是目前伦敦繁荣的基础。2003年2月,伦敦市长公布了《伦敦:文化资本,市长文化战略草案》,提出文化战略要维护和增强伦敦作为“世界卓越的创意和文化中心”的声誉，成为世界级文化城市。

的确，今天伦敦最具有吸引力的地方，人们最愿意居住、工作和参观的地方，还是那些历史环境保持最完整、文化遗产保存最丰富的地方。

【采访】国家文物局局长 单霁翔

就是要用文化理念指导城市建设，一个城市并不在于它有多少高楼大厦、立交桥和高架桥有多少，是在于它在城市建设中，如何以人为本，以和谐的理念组织城市的建设。

如今，城市文化已经成为城市发展当中不可或缺的重要成分和核心。一方面，利用地方的文化资源，结合文化产业的发展，能够使地方特色得以延续，并在经济社会等方面持续发展；另一方面，在失去活力的城区引入文化发展项目，形成一个城区新的文化要素，也是文化带动城市振兴的一种重要方法。

美国北方港口城市巴尔的摩是美国国歌的诞生地。从独立战争开始，就成为美国北方重要的港口城市，后期依托港口发展临港工业，又成为重要的工业基地，但是随着航运中心的转移，巴尔的摩的港口货流量大幅减少，厂房纷纷废弃。巴尔的摩开始实施大规模的城市改造计划，出乎人们意料的是，巴尔的摩市政府打出了一张文化牌，当年的工业遗迹有很多被保留下来，成为旅游景点、商业中心和传媒中心，而整个工业码头则被改造成为旅游码头。

【采访1】巴尔的摩ENTERTAINMENT邮轮公司市场部经理 艾美

以前那座大楼是一座发电厂，当地开发商进行了重新设计开发，现在是咖啡馆了，包括ESPN体育频道、健身房都在那里，那里的烟囱还保留了原始的建筑造型，它现在真的是被完全再开发了。

【采访2】马里兰港务局公关部经理 理查德

我们刚刚在夏季宣布了美国最大邮轮公司将在明年(2008年)来到这里，开通全年航线，在以前我们只有季节航线，他们的到来将使我们全年都有邮轮了，很可能每个大洲都会有邮轮航线,这太让人高兴了。

到上世纪90年代,这里每年会吸引上千万游客,旅游消费超过30亿美元,不仅为政府贡献了税收,还提供了3万多个就业岗位。如今的内港正由没落的港口转型为游人如织的旅游胜地,而巴尔的摩市也因为城市文化的独特魅力赢得了众人的良好口碑。

一个城市的发展既取决于经济实力,也取决于文化实力。一个文化稀薄的城市必定是危机四伏的城市,而一个繁荣的城市必定有着积极健康的城市文化追求。保留自己的文化,城市才有自信;同时赋予城市的过往以现代的灵光,城市才会始终闪动创新的灵感。今天,城市文化的力量正超越单纯的物质生产和技术进步的局限,而日益占据城市发展的主流,共创城市现代文明的交响。

(四)

从现代城市形成的那一天起,经济、环境、文化这三个核心要素,便成为除政治因素之外,推动或者制约城市发展的主要力量。要使三者达到良性的平衡,需要一个能够实现科学规划和管理的运行机制。

这里是新加坡,一个享誉全球的花园城市,也是一个人均国民收入超过3万美元的亚洲经济中心。而在世界城市发展研究领域,新加坡则被誉为城市管理和规划的典范。

公元1819年,英国人史丹佛·莱佛士抵达新加坡,代表英国东印度公司从荷兰人手中取得新加坡的经营权。五年后,新加坡正式成为英国在东方的殖民地之一。1941年年底,日军发动战争,七天之内就攻陷了兵力薄弱的英国军队。1945年8月15日,日本宣布投降。但是胜利的喜悦是短暂的,战乱留下了一个百废待兴的城市。

【采访】南洋科技大学国防策略研究中心主任

S. R. Nathan

当时社会上问题很多,许多都是很迫切需要解决的问题,譬如住房问题,城中许多的住宅都是二至三层,然而其中住了三四十户人家,每一层住了十到十二户人家,共同使用一个厨房,一个厕所,儿童缺乏游戏空间。当太多人住在一起时,尤其当族群不同时,自然会引起紧张的问题。

1966年新加坡举行首次国庆庆典,一个全新的国家迎接着一个全新的未来。而摆在这个政府面前的头等大事,便是实现"住者有其屋"。

从清理城区内杂乱无章的居民集中区开始,然后广建符合现代化水准及良好公共设施的国民住宅。这个政策竟然持续了数十年。

这里是新加坡淡宾尼市,离市中心不远,就有一系列公共设施,包括田径场、室内体育馆、健身中心等等一应俱全。像这样的体育设施,是每一个新市镇的标准配备。在住宅社区里,规划了大量的开放空间,公园以及建筑物周边的绿地和树林,成为孩子们嬉戏玩耍的乐园。

新加坡的新市镇与快速公交系统相辅相成,每一个新市镇都有快速公交。车站的位置设立在新市镇的中心商业区,出了车站下到地面层,人行道宽敞平坦,人车分离,车站的设计通透明亮宽敞大方,尤其是指标系统,字体大而且简单明了。

社区还配置了立体的停车场,早期的新市镇停车都规划在地面,近几年则设置了立体停车场,让原来的停车位可以规划成开放的空间,一切经过精心计算,每一部车子都一定有停车位,所以几乎完全看不到违法的路边停车。

市镇的四周被快速道路所环绕,道路两侧的绿化带其实也是新市镇的隔离带。绿化带宽大约30米,而且隆起,再加上好几层茂密的乔木,在绿化带内侧根本听不到快速道路上的噪音。30米宽的绿化带创造了新市镇与快速道路之间的道路景观,同时也确保了居民的宁静与安全。

【采访】新加坡市区重建局前局长 刘太格

我们的城市虽然很小,但是可以用各种不同的手法,把它变成感觉比较大的城市,而且是内容比较丰富的城市。比如说讲绿化,我们也不能说,到处辟绿地,不可能的,所以,就很慎重的选择。我们绿化的处理是分三层的，就是高的树，中高的灌木，还有小的花丛。所以，每一层都有绿化把它遮住，所以你在路上跑，就看不到后面的房子，你就以为自己是在一个乡村里面或者是在郊外！

新加坡的新市镇，在规划之初，早已将公园绿地划为重要目标。预留土地，为未来发展预留空间，也是新加坡这个弹丸之地市政规划的核心密码。

【采访】新加坡市区重建局前局长 刘太格

因为规划是与土地的预留部分分不开的，所以我们要把这些要求事先都要准备好。所以需要强调的是，任何一个城市，即使什么都不干，你一定要把总体规划搞好。一个规划一定要从大做到小，从远期做到近期，从地下做到地上。

一系列综合措施的运用，使"住者有其屋"政策逐渐扩大成为一个结合公积金、公共政策、经济发展、社会福利的整体国家发展策略，而新加坡政府也因为"住者有其屋"的成功而举世闻名。

【采访】新加坡建屋发展局研究与规划处

首席规划师 刘和昌

我们把新市镇完成以后，老百姓搬来以后，他们觉得我们的工作好还是不好，假如不满意的话，哪一方面不满意，为什么不满意，那么我们回来就把这个建屋发展局的政策改变一下。这个不是几年做一次，我们是每一年都要做的，每五年做一次大型的抽样调查。

从社区、交通、绿化到商业中心、垃圾回收等城市运行的方方面面，新加坡政府的规划从不做短线，而严格的法律条文以及执法系统，则保障了这些规划的顺利落实。几十年过去，超前规划、预留空间这一理念已经深深融入新加坡的国家灵魂，影响到国民经济运行的每一个环节，从而使得新加坡在发展的道路上总能提前转弯，避开一个个危险路段，保持社会整体的良性运行。

（五）

1898年的一天，在太平洋西北岸边，一位俄国土木工程师的眼神聚焦在一片美丽的海岸上，他急不可耐地向俄国政府发出电文：一个理想的东方不冻港终于找到了。

大连，由此在被动中步入工业化带动城市化发展的进程。

从空中鸟瞰这片美丽的海岸，人们会发现大连位居西北太平洋中枢，是这一区域进入太平洋，面向世界的最便捷的海上门户，是转运远东、南亚、北美和欧洲货物的最理想港口。而如果在地图上以大连为中心，以1000公里为半径画一个圆圈，人们会发现，中国的东北、华北，以及日本、韩国、朝鲜、蒙古国和俄罗斯远东大部分地区都在这个圈内，其中的大部分地区是当今世界经济最为活跃的前沿。

另一方面，改革开放以来，中国大地上的城市化浪潮以每八个纬度的区间由南向北跨越，从珠三角到长三角，再到渤海湾，催生出三大城市圈。而大连，恰好又处于环渤海经济区的城市群当中。

伴随波澜壮阔的改革开放进程，大连这座年轻的城市发生了历史性的巨变。1999年，来大连参加国际服装节的联合国前秘书长加利曾这样表达对这座城市的喜爱："中国应当为有大连这样的城市而骄傲"。人文学者余秋雨这样陈述自己的观点："大连开启了中国的城市美学"。中央电视台著名主持人白岩松这样解读这座城市：大连人用文明做基石，在精神世界里筑起的丰碑，让我们丈量出了这个城市的真正高度！

这是一座在奋进与创造中见证荣耀的城市，这是一座在变革与创新中开创未来的城市。

作为一种历史的必然，大连在经济发展速度和规模上实现历史性跨越的同时，无疑也正在面临工业化和城市化发展过程中不容回避的挑战。时代在审视我们这座城市的未来走向——

【采访1】大连市委党校教授 赵立成

那么，大连到了这个发展阶段要实行转型，要实现升级，我们就必须来研究大连在现阶段或在未来发展当中，决定大连未来发展前途和命运，决定大连未来在区域发展当中竞争力的核心资源是什么？主要依靠着什么？

【采访2】著名经济学家 吴敬琏

最终的结果就是效率提高，但是途径呢？有四个：第一，农村剩余劳动力向高效的城市非农产业转移；第二，制造业要加大知识技术的含量，提高附加值；第三，发展服务业，特别是生产者服务业；第四，用信息化来改造整个国民经济。至于说，哪个地方搞哪一样，我就研究我的资源禀赋的优势是什么，劣势是什么；然后我就根据这四个途径，有什么就发挥什么优势！

今天，在全球城市化迅猛发展的时代背景下，面向广阔的东北亚经济区，面对世界城市发展的新趋势，拥有后发优势的大连正在开始新的出发。未来的大连如何在现有的基础上迎接新的挑战，如何在经济、环境、文化和城市规划管理四个主要方面不断提升城市竞争力，如何把我们幸福的家园建设得更加美好——这些发达国家的城市范例不失为一种启迪，它让我们在历史与现实的追寻中去深度思考，并结合我们的发展使命与时代特征去创想未来。

【采访1】中央大连市委党校教授 赵立成

大连市未来的发展，核心资源是什么？核心资源或者说大连有比较优势的，大连市最值钱的最稀缺的是资源，可以说中国的很多城市都不能比拟的，大连很独特的就是资源优势。那么要保护资源环境，要减少消耗，要减少大量的劳动力投入，怎么办？出路在哪？在于技术创新。

【采访2】著名经济学家 厉以宁

要根据我们自己的发展规划来进行，所以既要横向跟其他国家比，也要跟我们自己比，我们需要什么、我们自己要求什么？这样的话才能成功实现产业的转移。

【采访3】国家文物局局长 单霁翔

大连是一个多种文化融合的城市，这种文化融合，体现大连的一种城市文化性格，包括近代以来的一些体现多国建筑文化风貌的一些建筑。在建设的过程中能使历史文化遗存妥善的保护，同时考虑它在新的生存环境中，它的合理化再利用，使它成为一个今天对于城市建设过程中一个积极的力量！

尾声

一个多世纪以前，一位叫埃比尼泽·霍华德的英国学者对城市的未来有这样的设想：它应该具有自然之美——水清洁、无烟尘、空气清新、田野与城市相融；它应该具有公正的社会环境——没有贫民窟、社会机遇平等、充分就业；它应该是一个城乡和谐的理想家园——城乡繁荣和乡村发展互动取代城乡分离。它应该是自然的回归，是人与自然和谐、人与人和谐、乡村与城市和谐的美好家园。

这本书的名字叫做《明日的田园城市》，自1898年出版之后，100多年间在英国再版六次，成为一本在城市研究领域具有世界级影响的著作。在一个世纪的时光里，这本书给遍布全球的读者带来无尽的遐想。

2010年，在上海世博会的城市未来馆里，人们采用先进的声光电技术，为未来城市的描绘蓝图：它应该是“花园之城”、“知识之城”、“水之城”、“太空之城”和“能源之城”五个方面的综合体。这也让今天的人们满怀难以抑制的期待与憧憬。

这一年，从电视荧屏到报纸文章，到处充满了幸福的字眼，幸福在成为人们普遍追求的同时，也正在上升为国家意志。综观马克思的全面发展理论，人作为生命个体的发展始终处于目的和核心的地位。哲学家康德也认为，人是所有发展的目的而不是手段。哲学家休谟说，一切人类努力的最大目标在于获得幸福。城市，让生活更美好，实际上就是对人类幸福的完美诠释。

在时间的轨道上，人类对城市未来的描绘，随着科技的进步和时代的发展而不断攀越新的高度。而每一座城市，也都以一种无限可能的态势向前发展。

那么，十几年甚至几十年之后，我们的大连又会呈现什么样的美丽图景呢？这也许又是一个今天人们想象力无法触及的话题，但我们可以展开恢弘的畅想，未来的大连，将作为东北亚的城市地标矗立于这片崛起的海岸，以

无穷的魅力劲射出耀眼的光芒。

从远古的幽暗与曙光中走来，从近代的屈辱与抗争中走来，从新生的激情与创造中走来，从变革的奋进与辉煌中走来，大连在时间的轨道上雄浑与激荡地前行——中华文明的历史风骨、自由解放的不屈意志、奋发图强的坚定信念、改革创新的时代气质，共同铸就成大连文化的精魂。生活在这片土地上的人们，正以强大的自信和超越的气势，以开放的胸襟和无尽的创想去辉映城市精神的寥廓星空。

百年历史，见证了大连的光荣与梦想；全球时代，将彰显大连的气韵与追求！

这是一片崛起的海岸，她永远是我们美丽的家园；这是一座经典的城市，她还将不断开启崭新的篇章——站在纯净的天空下，朝向深蓝色的大海，大连将以前所未有的自信与气度，开创更加美好的未来！

后 记

《崛起的海岸》是一部梳理大连城市历史文化、探寻城市未来发展、凝聚城市精神的大型电视系列专题片，是2010年度“时代之魂”——大连城市精神主题宣传活动的重要组成部分。本专辑共汇集了《崛起的海岸》全部共10集专题片和专题片解说词文本。

《崛起的海岸》专题片的制作过程中，主创人员在有关方面的帮助和支持下，历经13个月时间，查阅了大量的典籍资料，采访了国内百余名专家学者，拍摄了上千分钟的影像素材，足迹遍布相关城市和大连城乡各个角落，力图准确反映大连地区17000年的文明史和百余年的城市建设史，展望大连未来发展的美好前景，探寻和凝聚推动城市发展的内在的精神动力。

本专辑在策划制作过程中，专门成立了由市委宣传部原副部长董志正、市史志办研究员王万涛、市艺术研究所研究员李振远、市委党校副校长赵立成、海军大连舰艇学院教授杜辉等同志组成的核心专家组，对片中涉及的史实资料进行把关审核。本市近百名专家学者和相关人士也参与了前期论证和节目制作。中共大连市委、大连市政府有关部门以及大连现代博物馆、旅顺博物馆、大连自然博物馆、营城子汉墓博物馆、旅顺日俄监狱旧址博物馆等单位为专题片的制作拍摄提供了支持帮助。空军大连指挥所和民航大连空管局等部门以及相关区、市(县)也对前期航拍工作给予支持和配合。另本书采用的照片由市史志办研究员王万涛提供。在此一并表示感谢。

本专辑专题片中所采用的部分影音资料，如涉及版权问题，请与编者联系。

因时间仓促，加之水平有限，本专辑难免有疏漏和不当之处，敬请大家谅解并提出宝贵意见。

编 者

2011年1月

后记

[illegible]

2011年1月